8º V
14829

AF362696

VILLE DE TOURCOING

Exposition Internationale

DES

BEAUX-ARTS

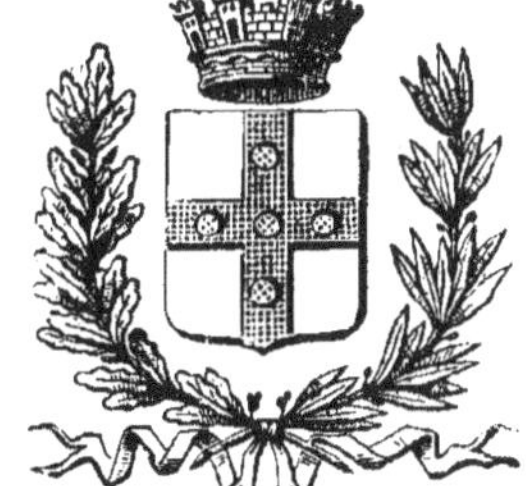

1906   1906

CATALOGUE OFFICIEL

PALAIS DES BEAUX-ARTS

Place Saint-Jacques

LILLE
IMPRIMERIE L. DANEL

1906

VILLE DE TOURCOING

Exposition Internationale

DES

BEAUX-ARTS

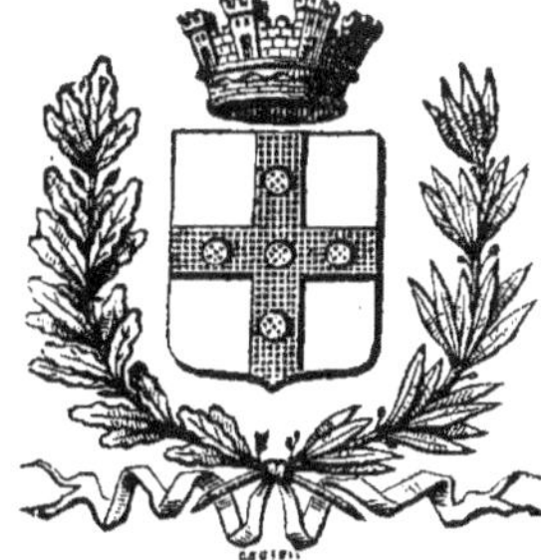

1906   1906

CATALOGUE OFFICIEL

PALAIS DES BEAUX-ARTS

Place Saint-Jacques

LILLE
IMPRIMERIE L. DANEL
1906

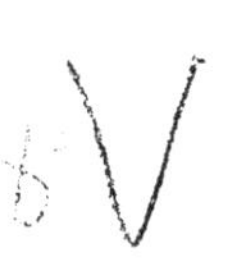
BIBLIOTHÈQUE NATIONALE

RÉPUBLIQUE FRANÇAISE

VILLE DE TOURCOING

Exposition Internationale 1906

PALAIS DES BEAUX-ARTS

Place Saint-Jacques

Exposition Internationale

DES

BEAUX-ARTS

placée sous le haut Patronage

de **Monsieur le Président de la République**

et de

**MM. les Ministres des Beaux-Arts, du Commerce
et de l'Industrie, de l'Agriculture
et des Travaux Publics**

Et sous la Présidence d'Honneur de :

M. DUJARDIN-BEAUMETZ, Sous-Secrétaire d'Etat au Ministère
des Beaux-Arts.

M. Georges BERGER, G. O. ✳, Député, Fondateur du Musée des
Arts décoratifs.

M. HOMOLLE. C. ✳, Membre de l'Institut, Directeur des Musées
Nationaux.

M. G. DRON, Député, Maire de Tourcoing, Président de
l'Exposition.

M. E. JOURDAIN, O, ✳, Président de la Chambre de Commerce,
Président du Comité d'Initiative.

COMITÉ D'HONNEUR

de la Section des Beaux-Arts

Présidents d'Honneur :

MM. BONNAT, G. C. ✳, Membre de l'Institut, Directeur de l'Ecole des Beaux-Arts.

CAROLUS-DURAN, G. O. ✳, Membre de l'Institut, Directeur de l'Ecole de Rome.

Tony ROBERT-FLEURY, O. ✳, Président de la Société des Artistes Français.

ROLL, C. ✳, Président de la Société Nationale des Beaux-Arts.

MEMBRES D'HONNEUR

MM.

AGACHE, ✳.

BÉRAUD, O. ✳.

BESNARD, C. ✳.

BOISSEAU, O. ✳.

BOUCHER, O. ✳.

BRETON, Jules, C. ✳, Membre de l'Institut.

CORMON, O. ✳, Membre de l'Institut.

COUTAN, O. ✳, Membre de l'Institut.

DAGNAN-BOUVERET, O. ✳, Membre de l'Institut.

DAWANT, O. ✳.

DEMONT, Adrien, ✳.

DEMONT-BRETON, Virginie, ✳

DUBUFE, O. ✳.

FERRIER, Gabriel, O. ✳.

FLAMENG, François, O. ✳, Membre de l'Institut.

FREMIET, G. O. ✳, Membre de l'Institut.

FRIANT, O. ✳.

GERVEX, O. ✳.

GUILLEMET, O. ✳.

HARPIGNIES, C. ✳.

HUMBERT, O. ✳, Membre de l'Institut.

MM.

INJALBERT, O. ✳, Membre de l'Institut.

LAGUILLERMIE, O. ✳.

LEFEBVRE, Jules, C. ✳, Membre de l'Institut.

LAURENS, Jean-Paul, C. ✳, Membre de l'Institut.

LEFORT, ✳.

LHERMITTE, O. ✳, Membre de l'Institut.

MAIGNAN, O. ✳.

MAUROU, ✳.

MERCIÉ, G. O. ✳, Membre de l'Institut.

MONTENARD, ✳.

MOROT, O. ✳, Membre de l'Institut.

PATRICOT, O. ✳.

PANNEMAKER, ✳.

PUECH, Denys, O. ✳, Membre de l'Institut.

DE RICHEMONT, ✳.

RODIN, C. ✳.

DE SAINT-MARCEAUX, O. ✳.

TATTEGRAIN, ✳.

WALTNER, O. ✳.

J. J. WEERTS, O. ✳.

MEMBRES DU JURY

SECTION DE PEINTURE

TATTEGRAIN, ✳ , Président.

MM. Adan, Emile, ✳ .
Bail, Joseph, ✳ .
Barillot, Léon, ✳ .
Berton, ✳ .
Bompard, Maurice, ✳ .
Boutigny, ✳ .
Billotte, O. ✳ .
Bisson, I ⚜ .
Chabas, Paul, ✳ .
Chigot, ✳ .
Claus, Emile.
Cogen, Félix, ✳ .
Colin, Paul, O. ✳ .
Dameron, Emile, ✳ .
Damoye, ✳ .

Mme Demont - Breton (Virginie, ✳ .
MM. Demont, Adrien, ✳ .
Deully, Eugène.
Fourié, Albert, ✳ .
Gagliardini, ✳ .
Gosselin, ✳ .
Hermann, Léon, ✳ .
Lagarde, ✳ .
Layraud, O. ✳ .
Lebourg, ✳ .
Latouche, ✳ .
Le Gout, Gérard, ✳ .
Luigi-Loir, ✳ .
Maxence, ✳ .

SECTION DE SCULPTURE

MM. Boutry, ✳ .
Gauquié, Henri, ✳ .
Fagel, O. ✳ .

MM. Lefebvre, Hippolyte, ✳ .
Lemaire, Hector, ✳ .

SECTION DE GRAVURE

MM. Laguillermie, O. ✳ .
Mongin, ✳ .
Maurou, ✳ .

MM. Pannemaker, ✳ .
Patricot, O. ✳ .
Waltner, O. ✳ .

EXPLICATION

DES SIGNES ET ABRÉVIATIONS MIS AU LIVRET

OU SUR LES OUVRAGES EXPOSÉS

✳, *Chevalier de l'Ordre de la Légion d'honneur ;*

O. ✳, *Officier de l'Ordre de la Légion d'honneur ;*

C. ✳, *Commandeur de l'Ordre de la Légion d'honneur ;*

G. O. ✳, *Grand-officier de l'Ordre de la Légion d'honneur ;*

G. C. ✳, *Grand-croix de l'Ordre de la Légion d'honneur.*

Les lettres **H. C.** — S. A. F. indiquent les artistes hors concours à la Société des Artistes Français.

Les lettres **S.** — S. N. indiquent les artistes sociétaires à la Société Nationale des Beaux-Arts.

Les lettres **A.** — S. N. indiquent les artistes associés à la Société Nationale des Beaux-Arts.

Les lettres **2ᵉ Méd.** — S. A. F. indiquent les artistes récompensés par une 2ᵉ Médaille (Section de Sculpture) à la Société des Artistes Français.

Les lettres **3ᵉ Méd.** — S. A. F. indiquent les artistes récompensés par une 3ᵉ Médaille à la Société des Artistes Français.

Les lettres **M. H.** — S. A. F. indiquent les artistes récompensés par une mention honorable à la Société des Artistes Français.

RÈGLEMENT

Art. I. — L'exposition. — Sa durée.

L'exposition s'ouvrira au Palais des Beaux-Arts, le 12 Juillet, pour prendre fin avec l'Exposition Internationale des Industries Textiles à la fin d'Octobre.

Art. II. — Nomenclature, Conditions de réception.

Les ouvrages admis se diviseront en sections :

>Peinture.
>Aquarelle.
>Pastel.
>Sculpture.
>Gravure.
>Arts décoratifs.

Ces œuvres devront être exécutées par des artistes vivants, ou décédés depuis un an seulement.

Les peintures, aquarelles, pastels et gravures devront être encadrés, or, or et noir, bois décoré or. Les cadres en dehors de ces genres seront refusés.

Les cadres non rectangulaires seront fixés sur fonds rectangulaires assortis.

Ne seront pas admis : Les copies dont les moyens d'exécution ne seront pas différents de ceux des originaux ; les objets purement industriels ; enfin, tous ouvrages ressortissant des sections de l'Exposition Internationale des Industries Textiles.

Toute œuvre dépassant trois mètres, cadre compris, dans l'une de ses dimensions, ne pourra être expédiée qu'après une autorisation du Comité d'organisation, sur demande de l'auteur.

Les sculptures ne devront pas excéder le poids de 150 kilos. Les bronzes, bois, ivoires et marbres sont admis, sauf entente avec la Commission pour les plâtres.

Le nombre des ouvrages qu'un même artiste pourra exposer dans chaque genre est limité à deux.

Les œuvres d'art décoratif sont soumises aux conditions générales et pourront être admises dans les conditions spéciales suivantes :

Tout assemblage d'ouvrages dans un même cadre dont la grandeur maxima ne pourra pas excéder 1 m. 20 sera considéré comme une seule œuvre. _

Les vitrines particulières ne devront pas excéder 1 m. 20 sur le plus grand côté.

Toute vitrine après son placement définitif sera scellée et ne pourra être ouverte que par les soins du bureau du Comité sur la demande écrite de l'exposant.

Art. III. — Admission.

L'invitation personnelle faite par le Comité d'organisation constituera l'admission des artistes à exposer.

Le comité ne pourra inviter à prendre part à l'exposition que les Artistes récompensés au Salon des Artistes Français, ou possédant le titre de sociétaire, ou d'associé de la Société Nationale des Beaux-Arts. Les artistes, admis cinq années aux dits Salons, pourront être invités également, mais ils devront envoyer des œuvres ayant figuré dans les Salons précédemment désignés.

Les invitations dans la section des Arts décoratifs ne pourront être faites qu'aux artistes ayant obtenu au moins une médaille, ou le titre d'associé aux Salons de Paris.

Art. IV. — Formalités. — Envois.

Chaque exposant rédigera deux notices indiquant la désignation des œuvres et leur prix. L'une accompagnera l'envoi et l'autre sera adressée directement à M. Masure-Six, Président du Comité d'organisation au Palais des Beaux-Arts, Place Saint-Jacques. Cette seconde notice devra lui parvenir avant le premier Juin. Les exposants apposeront une étiquette sur chacune de leurs œuvres mentionnant leur nom, leur adresse et le titre du sujet.

Ils sont instammeut priés d'écrire très lisiblement leurs notices, afin d'éviter les erreurs dans la rédaction du Catalogue.

Art. V. — Responsabilités.

Le Comité d'organisation, ne prélevant aucune retenue, ni escompte sur les objets vendus, apportera cependant tous ses soins dans les maniements que comporte l'organisation de l'exposition ; mais il n'assure aucune responsabilité en cas d'incendie, de perte, d'avarie ou de destruction des objets qui lui sont confiés et cela quelle que soit la cause de l'accident.

Art. VI.— Transport.

Le transport de tous les ouvrages, tant à l'aller qu'au retour, déposés du 1ᵉʳ au 10 Juin, chez M. Pottier, emballeur, 9 et 14, rue Gaillon, est entièrement gratuit.

Les ouvrages, figurant aux Salons de 1906 de la Société des Artistes Français et de la Société Nationale des Beaux-Arts, dont les auteurs sont invités à exposer par le Comité d'organisation, jouiront aussi du transport gratuit à l'aller et au retour et, par exception de faveur, pourront être déposés chez M. Pottier, le 2 juillet.

Tous les autres envois expédiés directement seront transportés aux frais des Artistes et devront être retirés dans les dix jours qui suivront la clôture de l'Exposition.

Art. VII. — Des Récompenses.

Des récompenses seront attribuées aux Artistes pendant la durée de l'Exposition. Ces récompenses seront décernées par un jury composé d'Artistes choisis parmi les « Hors Concours de la Société des Artistes Français » et les « Sociétaires de la Société Nationale ».

Sont appelés à concourir tous les exposants, hormi ceux ayant obtenu une récompense ou le titre d'associé dans les Salons de Paris.

Art. VIII. — De la Vente.

La Ville de Tourcoing, désireuse de favoriser les Artistes, ses invités, entend ne retirer aucun profit de l'Exposition des Beaux-Arts. En conséquence, un bureau de vente organisé par le Comité sera chargé des négociations ; mais il ne prélèvera, ni escompte, ni retenue sur les ventes faites pendant la durée de l'Exposition.

Pour la bonne règle, les ventes faites simultanément par le Comité d'organisation et par l'Artiste, ou son représentant, ne pourront soulever aucune interprétation douteuse. La vente faite par le Comité sera seule valable pendant le cours de l'Exposition dans le cas de simultanéité de vente.

Le Comité, agissant en qualité de simple intermédiaire, ne pourra être déclaré responsable d'inexécution de contrat.

Art. IX. — Tombola.

Il sera organisé une Tombola par les soins du Comité. Un règlement spécial sera élaboré en vue du succès de cette Tombola. Les Artistes voudront bien indiquer confidentiellement dans leurs notices, ou par lettre, le prix spécial de vente de leurs œuvres pour cette Tombola d'Exposition.

Il est entendu que l'intégralité du prix des billets sera consacrée à l'achat d'œuvres suivant les statuts du règlement à intervenir.

RÈGLEMENT DE LA TOMBOLA

I. — Une tombola autorisée par l'arrêté préfectoral en date du 16 Juillet, est organisée par le Comité de l'Exposition Internationale des Beaux-Arts.

II. — Cette tombola consiste en séries de billets de cinq mille francs (**5.000** fr.) l'une, dont la première sera mise à la disposition du public dès l'ouverture de l'exposition.

III. — Le prix du billet est fixé à un franc.

IV. — Les lots seront au nombre de six (6) :

Soit un lot de : deux mille francs (**2.000** fr.) ;
   —   douze cents francs (**1.200** fr.) ;
   —   huit cents francs (800 fr.) ;
   —   cinq cents francs (500 fr.) ;
   —   trois cents francs (300 fr.) ;
   —   deux cents francs (200 fr.).

V. — Les lots seront attribués aux gagnants pour le montant de leur importance avec l'obligation d'en faire emploi par l'acquisition d'ouvrages d'art modernes, exposés.

VI. — Les propriétaires de billets gagnants ne pourront diviser le montant de leur lot, mais auront la faculté de l'augmenter.

VII. — Le tirage aura lieu au Palais des Beaux-Arts, ou en tout autre lieu déterminé par M. le Maire de Tourcoing et aux dates fixées par lui pendant le cours de l'Exposition.

VIII. — Les lots non réclamés dans les trois mois qui suivront le jour du tirage appartiendront à la tombola.

Le Président
du Comité d'Organisation de l'Exposition,
MASURE-SIX.

COMITÉ D'ORGANISATION
DE L'EXPOSITION

Président du Comité : M. MASURE-SIX (✿ I.).
Vice-Président du Comité : M. POUTIGNAC-DEVILLARS,
Président de la Société Artistique de Roubaix-Tourcoing,

SECTION DES BEAUX-ARTS

Vice-Président : M. Victor FLAMENT, (✿ A.), Adjoint au Maire de Tourcoing, Conseiller général du Nord.
Secrétaire : M. JACQUET, (✿ I.), Directeur de l'École des Beaux-Arts de Tourcoing.
Commissaire général : M. Edouard BISSON, (✿ I.), Commissaire-délégué de la Société des Artistes français.

Secrétaire-Adjoint du Comité : M. Charles BOURGEOIS, Architecte.

MEMBRES DU COMITÉ D'ORGANISATION :
SECTION DES BEAUX-ARTS

MM.	MM.
Buffin Carlos.	Fournet, (✿ A.).
Cadeau Emile, (✿ A.).	Emile Lecomte-Scrépel.
Cogghe Rémy, (✿ A.).	Lothée.
Georg. Desurmont-Descamps.	Edmond Masurel, (✿ A.).
Desplanques Alfred.	Georges Mariage.
Ernest Desurmont-Duvillier.	Félix Muller, (✿ A.).
Devémy-Scrépel.	Ernest Mullier.
Georges Duvillier-Motte, ✻.	Ernest Prouvost.
Engrand, (✿ I.), Statuaire.	

PEINTURE

A

ABBÉMA (Mlle LOUISE), née à Etampes (Seine-et-Oise), élève de Chaplin, d'Henner et de M. Carolus-Duran. — **M. H.** — S. A. F. — A Paris, rue Lafitte, 47.

1 — *" Automne "*.

2 — *Printemps.*

ABRY (LÉON-EUGÈNE-AUGUSTE). — A Anvers (Belgique), rue des Fortifications, 53.

3 — *Position d'attente.*

ACHILLE-FOULD (Mlle GEORGE), née à Asnières (Seine), élève de M. Léon Comerre. — **H. C.** — S. A. F. — A Paris, boulevard de Courcelles, 20.

4 — *" L'Ame des Dunes "*.

ADAM (Mme NANNY), née à Crest (Drôme), élève de M. Jules Laurens. — **3e Méd.** — S. A. F. — A Paris, rue de Narbonne, 1.

5 — *Rio Abbrizzi (Venise).*

ADAN (LOUIS-EMILE), né à Paris, élève de Picot et de Cabanel. — **H. C.** — S. A. F. — ✳. — A Paris, rue de Courcelles, 75.

6 — *Les dernières fleurs.*

7 — *Vieux pêcheur.*

AGACHE (ALFRED-PIERRE), né à Lille. — **S.** — S. N. — ✳ — A Paris, rue Weber, 14.

8 — *" Deuil "*.

ALLOUARD, élève de Lechevalier-Chevignard. — **M. H.** — S. A. F. — A Paris, quai de Béthune, 16.

9 — *" Les Iris "*.

AMEDÉE-WETTER (HENRI), né à Montluçon (Allier), élève de Benjamin-Constant, et de MM. Jules Lefebvre et Tony Robert-Fleury. — **M. H.** — S. A. F. — A Paris, rue Garreau, 7.

10 — *Grasse matinée.*

11 — *La Coquette.*

ANDRÉ (Charles-Hippolyte), élève de M. Gagliardini. — **M. H.** — S. A. F. — A Soissons, rue des Cordeliers, 19.

12 — *Paysage Corse.*

13 — *Route de Beaulieu-sur-Mer.*

ANGLADE (Gaston), né à Bordeaux (Gironde). — A Pavillon-sous-Bois (Seine-et-Oise), Villa des Bruyères, 16, et à Paris, rue Drouot, 18.

14 — *Le matin dans le Lot à Saint-Cirq.*

ARUS (Raoul), né à Nimes (Gard), élève de Pils et de M. Tony-Robert-Fleury. — **H. C.** — S. A. F. — A Paris, rue Fontaine, 42.

15 — *En Marche (1812).*

ATTENDU (Ferdinand), **M. H.** — S. A. F. — A Paris, boulevard Péreire, 175.

16 — *Nature morte.*

AUBLET (Albert), né à Paris. — **S.** — S. N. — ✲. — A Neuilly-sur-Seine, boulevard Bineau, 75.

17 — *Au bord de l'eau.*

18 — *La chambre verte.*

AUBURTIN (J.-Francis), né à Paris, élève de Puvis de Chavanne. — **S.** — S. N. — ✲. — A Paris, avenue de La Bourdonnais, 7.

19 — *Le dernier rayon.*

AVY (Joseph-Marius), né à Marseille (Bouches-du-Rhône), élève de MM. Bonnat et Albert Maignan. — **H. C.** — S. A. F. — A Paris, rue Dutot, 3.

20 — *" Trio de Schumann ".*

B

BAADER (Louis), né à Lannion (Côtes-du-Nord), élève de Yvon. — **H. C.** — S. A. F. — A Paris, avenue de Suffren, 156.

21 — *Visite de Noces.*

BAIL (Franck-Antoine), né à Paris, élève de Gérôme et de son père, J.-A. Bail. — **H. C.** — S. A. F. — A Paris, quai de Bourbon, 29.

22 — *Servante à la fontaine.*

23 — *Intérieur Normand.*

BARILLOT (Léon), né à Montigny-lès-Metz (Lorraine), élève de M. Bonnat. — **H.C.** — S.A.F. — ✲. — A Paris, rue Demours, 29 bis.

24 — *La ferme de Thoville.*

25 — *Le train 47.*

BARON (Hélène-Marie), élève de J.-D. Harding. — A Bourne-mouth (Angleterre), Cleeve, Bradburne Road.

26 — *Oliviers à Antibes (Alpes-Maritimes).*

BARTLETT (William-Henry), né à Londres, élève de Gérôme et de M. Tony-Robert-Fleury. — **H. C.** — S.A.F. — A Londres, 12, Aubrey Walk, Campden-Hill.

27 — *La Cardeuse.*

28 — *Le repas du berger.*

BASCHET (Marcel), né à Gagny (Seine-et-Oise), élève de Boulanger et de M. Jules Lefebvre. — **H. C.** — S. A. F. — ☼.— A Paris, quai Voltaire, 17.

29 — *Portrait de Mme G.*

BAURÉ (Albert), né à Bordeaux (Gironde), élève de Bouguereau et de M. Tony-Robert-Fleury. — **M. H.** — S. A. F. — A Paris, quai Conti, 13.

30 — *Vieux Collectionneur.*

31 — *Soupière et fruits.*

BEAUVAIS (Armand), né à Bar-sur-Aube (Aube), élève de Eugène Desjobert et de Gérôme. — **H. C.** — S. A. F. — A Paris, rue Denfert-Rochereau, 18.

32 — *Le Ruisseau (Berry) Novembre.*

33 — *Bords du Cher à St-Aignan (Loir-et-Cher).*

BEAUVERIE (Charles-Joseph), né à Lyon (Rhône), élève de l'Ecole nationale des Beaux-Arts et de Gleyre. — **H. C.** — S. A. F. — ☼. — A Paris, rue Gabrielle, 29.

34 — *Récolte de Pommes de terre.*

35 — *Port de Nice (le matin).*

BELLAN (Henri-Ferdinand), né à Paris élève de Feyen-Perrin et de MM. Bonnat et Roll. — **3 Méd.** — S. A. F. — A Paris, place des Vosges, 7 *bis.*

36 — *Les cuivres (Pays de Caux).*

37 — *L'Épave.*

BELLEMONT (Léon), né à Langres (Haute-Marne), élève d M. Bonnat. — **H. C.** — S. A. F. — A Paris, rue Emile-Allez, 5.

38 — *Petite Bretonne en prière.*

39 — *Le Catéchisme.*

BELLET (Auguste-Emile), né à Châteaubriant (Loire-Inférieure), élève de Cabanel. — **M. H.** — S. A. F. — A Paris, rue Emile-Allez, 5.

40 — *Satanée pluie.*

BENOIT-LÉVY (Jules), né à Paris, élève de Boulanger, de Doucet et de M. Jules Lefebvre. — **M. H.** — S. A. F. — A Paris, cité Trévise, 11.

41 — *Les Crêpes à Pont-Croix (Finistère).*

42 — *Intérieur près Amsterdam.*

BERGERET (Pierre-Denis), né à Villeparisis (Seine-et-Marne), élève de E. Isabey. — **H. C.** — S. A. F. — ☀. — A Paris, rue Victor-Massé, 26.

43 — *Les Fromages.*

44 — *Asperges.*

BERNE-BELLECOUR (Jean-Jacques), né à St-Germain-en-Laye (Seine-et-Oise), élève de son père et de M. Edouard Detaille. — A Paris, rue de Rome, 135 *bis.*

45 — *En Vedette ; — Hussard 1er Empire.*

BERTHÉLEMY (Émile-Valentin), né à Rouen (Seine-Inférieure), élève de Boulanger et de Gérôme. — A Paris, Villa Niel, 3.

46 — *Atterrissage par gros temps.*

47 — *Bateaux de pêche dans le bassin de Trouville.*

BERTHELON (Eugène), né à Paris, élève d'Eugène Lavieille et de M. Berne - Bellecour. — **H. C.** — S. A. F. — A Paris, boulevard Rochechouart, 35.

48 — *En détresse (marine).*

49 — *Forêt de Fontainebleau.*

BERTRAM (Abel), né à Saint-Omer (Pas-de-Calais), élève de MM. Bonnat et Guillemet. — **H. C.** — S. A. F. — A Paris, rue Caulaincourt, 59.

50 — *Un hameau en Bretagne.*

51 — *Retour d'école.*

BERTRAND (Paulin), né à Toulon (Var), élève de Cabanel. — **H. C.** — S. A. F. — A Neuilly - sur - Seine (Seine), boulevard Victor-Hugo, 72, Villa de Villiers, 5.

52 — *La vieille route (Normandie).*

BILBAO (Gonzalo), né à Séville (Espagne), élève de M. Vega y Villega. — **H. C.** — S. A. F. — A Séville, Ensanche, 7, Porta Osario.

53 — *Le Châle de Manille.*

BIVA (Henri), né à Paris, élève de MM. Alexandre Nozal et Léon Tanzi. — **H. C.** — S. A. F. — ☀ — A Paris, rue du Château-d'Eau, 72, et chez M. Fouchère, rue de Trévise, 25.

54 — *Les brumes du matin ; — Villeneuve — l'Étang.*

55 — *Le soir : — Villeneuve — l'Étang.*

BIVA (Lucien), né à Paris, élève de M. Henri Biva. — A Paris, rue des Vinaigriers, 29.

56 — *La Feuillée.*

57 — *Le moulin de Tomblaine (Lorraine).*

BLANCHARD (PASCAL), né à Paris, élève de Boulanger et de M. Jules Lefebvre. — **H. C.** — S. A. F. — A Paris, rue Notre-Dame-de-Lorette, 44.

58 — *Les humbles.*

59 — *Flirt.*

BOISSY (Mlle HENRIETTE), née à Paris, élève de MM. Baschet, Schommer et H. Royer. — A Paris, rue du Cardinal Lemoine, 2.

60 — *" En grève ".*

61 — *Un accroc.*

BOMPARD (MAURICE), né à Rodez (Aveyron), élève de Boulanger et de M. Jules Lefebvre. — **H. C.** — S. A. F. — ✵ — A Paris, boulevard Pereire, 167.

62 — *Venise la rouge.*

63 — *Le Rio dei Mendicanti ; — Venise.*

BONNEFOY (HENRI), né à Boulogne-sur-Mer (Pas-de-Calais), élève de Léon Cogniet et de l'Ecole nationale des Beaux-Arts. — **H.C.** — S.A.F. — A Paris, rue Fontaine, 42.

64 — *La veuve du berger.*

65 — *Paysage à Boulogne-sur-Mer.*

BOUCHÉ (ALEXANDRE), né Lusancy (Seine-et-Marne), élève de Corot et de Rémy. — **H.C.** — S.A.F. — ✵ — A Paris, rue Caumartin, 17.

66 — *Les chèvres.*

BOUCHOR (JOSEPH-FÉLIX), né à Paris, élève de Benjamin Constant et de M. Jules Lefebvre. — **H.C.** — S.A.F. — ✵ — A Paris, rue d'Assas, 70.

67 — *Soleil dans la brume de Novembre ; — Freneuse.*

68 — *Au passage de l'Ile ; — Freneuse.*

BOUDOT (LÉON), né à Besançon (Doubs), élève de Français. — **H.C.** — S.A.F. — A Besançon, rue Granvelle, 6.

69 — *Le bout du Monde, près Besançon ; — Printemps.*

70 — *Un tournant de la Loue, dans le Jura ; — Automne.*

BOUILLIER (Mlle AMABLE), élève de M. Barillot. — **M.H.** — S.A.F. — A Paris, rue Vineuse, 12 bis.

71 — *Taureau Normand.*

BOULARD (ÉMILE), né à Champagne (Seine-et-Oise), élève de son père. — **S.** — S.N. — A Paris, quai de la Tournelle, 13.

72 — *La Courte-Dune ; — Gris-Nez.*

73 — *Moutons dans la falaise.*

BOURGEOIS (EUGÈNE), né à Paris. — **H.C.** — S.A.F. — A Neuilly-sur-Seine, avenue Philippe-Leboucher, 5 bis.

74 — *Nuit claire.*

75 — *Les Ebiens.*

RF

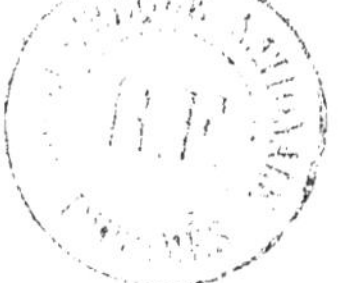

BOUTIGNY (Émile), né à Paris, élève de Cabanel. — **H.C.** — S.A.F. — ✳ — A Paris, rue Nollet, 56.

76 — *Bataille de Tourcoing (18 Mai 1794) (29 floréal, an II).*
« *Prisonnier avec ses soldats, le Colonel du Régiment du Landgrave de Hesse remet son épée au général Souham. — (Archives nationales.*)

77 — *Sièges de Paris ;— Convoi de blessés ramenés, par les bateaux mouches, des combats de Champigny.*

BAYÉ (Abel), né à Marmande (Lot-et-Garonne), élève de Benjamin-Constant. — **H.C.** — S.A.F. — ✳ — A Levallois-Perret (Seine), villa Chaptal, 25.

78 — *Faneuse.*

BRAQUAVAL (Louis), né à Lille (Nord). — **A.** — S.N. — A Paris, quai de la Tournelle, 15.

79 — *Le quai de la Tournelle.*

80 — *Le marché à Abbeville.*

BRIDGMAN (Frédéric-Arthur), né à New-York (Etats-Unis d'Amérique), élève de Gérôme. — **H.C.** — S.A.F. — ✳ — A Paris, boulevard Malesherbes, 146.

81 — *Le Carnaval de Nice.*

82 — *Idylle Grec.*

BRISPOT (Henri), né à Beauvais (Oise), élève de M. Bonnat. — **H.C.** — S.A.F. — ✳ — A Paris, avenue Trudaine, 17.

83 — *Les deux Rivaux.*

BROUILLET (André), né à Charroux (Vienne), élève de Gérôme et de M. J.-P. Laurens. — **H.C.** — S.A.F. — ✳ — A Paris, boulevard Flandrin, 72.

84 — *Paysage.*

BRUNET (Jean), né à Poitiers (Vienne), élève de Gérôme. — **H.C.** — S.A.F. — A Levallois-Perret (Seine), rue Danton, 5.

85 — *La famille du Pécheur ; Bretagne.*

86 — *L'aveugle au Pardon ; — Souvenir de Bretagne.*

BRUNET-HOUARD (Pierre-Auguste), né à Saint-Maixent (Deux-Sèvres), élève de Th. Couture. — **M.H.** — S.A.F. — à Fontainebleau (Seine-et-Marne), rue des Provençaux, 44.

87 — *Boute-selle de cuirassiers, dans une ferme du Poitou.*

88 — *La bataille perdue ; — Tirée des Orientales de Victor-Hugo.*

BUSSON (Charles), né à Montoire (Loir-et-Cher), élève de Rémond et de Français. — **H.C.** — S.A.F. — O. ✳ — A Paris, rue Falguière, 9.

89 — *Moulin de Prasay, — près Montoire (Loir-et-Cher)*

90 — *Environ de Pouliguien (Loire-Inférieure).*

C

CABANES (Louis-François), né à Toulouse (Haute-Garonne),
élève de MM. Jean-Paul Laurens et Léon Glaize. — **H.C.** — S.A.F.
— A Paris, rue de Vaugirard, 99.

91 — *Dans les Zibans ; — le soir.*

92 — *Une rue du vieux Biskra.*

CABIÉ (Louis-Alexandre), né à Dol (Ille-et-Vilaine), élève de
MM. Pradelles et Harpignies. — **H.C.** — S.A.F. — A Paris, avenue
de Villiers, 74.

93 — *La vieille Église de Saint-Cirq.*

94 — *Les chênes verts ; — Ile de Noirmoutier (Vendée).*

CABUZEL (Auguste-Hector), élève de Léon Cogniet. — A Paris,
rue de Vaugirard, 64.

95 — *Une Mare.*

CACHOUD (François-Charles), né à Chambéry (Savoie), élève
de Élie Delaunay et de Gustave Moreau. — **H.C.** — S.A.F. — A
Paris, boulevard de la Chapelle, 120.

96 — *Nuit nuageuse sur les près à St-Alban de Montbel ; Savoie.*

97 — *Nuit claire ; — Lac d'Aiguebelette ; Savoie.*

CALVÈS (Léon-Georges), né à Paris, élève de Daubigny et de
M. Guillemet. — **3e Méd.** — S. A. F. — A Vignory (Haute-
Marne).

98 — *Fin de vendanges.*

CAMOREYT (Jacques), né à Lectoure (Gers), élève de MM. Albert
Maignan et Cormon. — **H. C.** — S. A. F. — A Paris, rue Aumont-
Thieville, 4.

99 — *L'arrivée du poisson ; — Dieppe.*

CANUET (Mlle Louise), née à Paris, élève de Mme Langlois et de
M. Léon Perrault. — A Paris, rue Eugène-Delacroix, 7.

100 — *Jeune Vénitienne.*

101 — *Rêverie.*

CARL-ROSA (Mario), né à Loudun (Vienne). — **H. C.** —
S. A. F. — ✳. — A Paris, chez M. Gadin, rue de Douai, 43.

102 — *Matinée d'automne sur les bords de la Seine ; — Environs
de Paris.*

103 — *Un joli coin de France sur la frontière Suisse ; — Bords
du Doubs.*

CARPENTIER (Evariste), né à Cuerne-les-Courtrai (Belgique),
élève de l'Académie Royale d'Anvers. — **H. C.** — S. A. F. — A
Liege (Belgique), rue Hors-Château, 9.

104 — *Derniers beaux jours.*

CARPENTIER (MODESTE), né à Courrières (Pas-de-Calais), élève de MM. Emile Breton et Adrien Demont. — A Hénin-Liétard (Pas-de-Calais), rue de l'Abbaye.

105 — *Un étang à Courrières.*

106 — *Jardin d'Emile Breton à Courrières.*

CAUCHOIS (EUGÈNE-HENRI), né à Rouen (Seine-Inférieure), élève de Cabanel et de M. Quost. — **H. C.** — S. A. F. — A Paris, rue Grange-Batelière, 15.

107 — *Coin de jardin.*

108 — *Innocence.*

CAUVY (LÉON), né à Montpellier (Hérault). — A Paris, boulevard Raspail, 205 *bis.*

109 — *Les deux miroirs.*

110 — *Soleil de Mars.*

CARTIER (KARL), né à Paris, élève de Gérôme et de MM. Carolus-Duran et Barrias. — **H. C.** — S. A. F. — A Paris, rue de Longchamps, 144.

111 — *Moutons au pâturage.*

CASTIGLIONE (GIUSEPPE), né à Naples (Italie). — **H. C.** — S. A. F. — ✳, — A Paris, boulevard de Clichy, 11.

112 — *La dame et son page.*

113 — *Le bon viveur.*

CAZABAN (LOUIS-JEAN-JOSEPH), né à Homps (Aude), élève de M. Cormon. — A Paris, rue Vineuse, 12.

114 — *Petites filles des Pyrénées ; — Vallée de l'Aude.*

115 — *Vue de Rennes-les-Bains ; — Aude.*

CÉLERIER (EDOUARD), élève de M. Jules Lefebvre. — A Paris, quai de Billy.

116 — *Jeunesse.*

117 — *Arlette.*

CESBRON (ACHILLE), né à Oran (Algérie). — **H. C.** — S. A. F. — ✳. — A Paris, rue Jacquemont, 13.

118 — *Le bouquet de roses claires.*

119 — *Bouquet de petites roses blanches.*

CHABAS (MAURICE), né à Nantes (Loire-Inférieure), élève de Bouguereau et de MM. Tony-Robert-Fleury et Maignan. — **H. C.** — S. A. F. — A Neuilly-sur-Seine (Seine), villa Sainte-Foy, 3.

120 — *Devant les études.*

CHABAS (PAUL), né à Nantes (Loire-Inférieure), élève de Bouguereau et de M. Tony-Robert-Fleury. — **H. C.** — S. A. F. — ✳. — A Paris, boulevard Berthier, 23.

121 — *Portrait de M*[me]* P. C.*

122 — *Dans le torrent.*

CHANTEUX (Mlle BERTHE), élève de MM. Humbert et Patricot.—
A Paris, rue Rochechouart, 26.

123 — *Paysage ; — étude.*

124 — *A la maison ; — étude.*

CHARPIN (ALBERT), né à Grasse (Alpes-Maritimes). — **H. C.**
— S. A. F. — A Asnières (Seine), rue de la Station, 9.

125 — *Les bœufs sur la falaise.*

126 — *Retour des champs.*

CHAYLLERY (EUGÈNE-LOUIS), né à Angers (Maine-et-Loire),
élève de MM. Cormon et Busson. — **H. C.** — S. A. F. — A Paris,
rue de Cyrano-de-Bergerac, 11.

127 — *La petite Parisienne.*

128 — *Le petit frère et la sœur.*

CHIGOT (ALPHONSE), né à Gracay (Cher). — **M. H.** — S. A. F.
— A Valenciennes (Nord).

129 — *En marche sur Isly ; — " Souvenirs de campagne. "*

CHIGOT (EUGÈNE-HENRI), né à Valenciennes (Nord), élève de
Cabanel et de M. Vayson. — **H. C.** — S. A. F. — ✳. — A Paris,
rue de Bagneux, 9.

130 — *L'heure du Salut à Etaples.*

131 — *Les pécheurs d'Anguilles.*

CLAUDE (EUGÈNE), né à Toulouse (Haute - Garonne). — **H. C.**
— S. A. F. — A Asnières (Seine), rue de Châteaudun, 90.

132 — *Roses trémières et fruits.*

CLAUDE (GEORGES), né à Paris, élève de son père, J. Max
Claude et de S. V. Galland. — **H. C.** — S. A. F. — A Paris,
square Monceau, boulevard des Batignolles, 82.

133 — *" Derniers apprêts ". — Première communion.*

134 — *A la découverte !... dans les choux.*

CLAUS (EMILE), né à Vive-Saint-Eloi (Belgique). — **S.** — S. N.
— Astene (Belgique).

135 — *Cueillette de pommes.*

COGEN (FÉLIX), né à Saint-Nicolas (Belgique). — **H. C.** — S.
A. F. — ✳ — A Bruxelles, rue Ortelius, 12.

136 — *Heureuse vieillesse ; — Hollande.*

COGGHE (RÉMY), né à Mouscron (Belgique), élève de Cabanel.—
3e Méd. — S. A. F. — A Roubaix, rue des Fleurs, 22.

137 — *Le Vendredi Saint à la Scala Santa.*

138 — *Portrait de ma mère.*

COLIN-LIBOUR (Mme URANIE), née à Paris, élève de Rude,
de Ch. Muller et de François Bonvin. — **M. H.** — S. A. F. — A
Paris, boulevard des Batignolles, 29.

139 — *Le réveil.*

COLIN (PAUL), né à Nîmes (Gard), élève de son père et de **M**. Jean-Paul Laurens. — **H. C.** — S. A. F. — O. ✳ — A Paris, quai Malaquais, 1.

140 — *La mare de Criquebeuf.*

141 — *Les chaumes ; — Soleil couchant.*

COMERRE (LÉON), né à Trélon (Nord), élève de Cabanel. — **H. C.** — S. A. F. — ✳ — A Paris, rue Ampère, 67.

142 — *Portrait de M*^{r} *F. M.*

143 — *Buona notte.*

COTARD-DUPRÉ (Mme THÉRÈSE), née à Paris, élève de M. Julien Dupré. — A Paris, boulevard Flandrin, 20.

144 — *Faneuse.*

COTTET (Charles), né au Puy (Haute-Loire). — **S.** — S. N. — ✳ — A Paris, rue Cassini, 10.

145 — *Femmes et enfant d'Ouessant.*

146 — *Soleil couchant ; — Marine.*

COURANT (MAURICE-FRANÇOIS-AUGUSTE), né au Havre (Seine-Inférieure). — **S.** — S. N. — Clos de l'Abbaye, Poissy (Seine-et-Oise) et à Paris, chez MM. Chaine et Simonson, 19, rue Caumartin.

147 — *Sur la falaise.*

148 — *Sur la Meuse.*

COURSELLES-DUMONT (HENRI), né à Paris, élève de Elie Delaunay. — **H. C.** — S. A. F. — A Paris, rue du Moulin-de-Beurre, 18.

149 — *Chez Eros.*

COURTENS (FRANZ). — **S.** — S. N. — A Bruxelles (Belgique), rue du Cadran, 28.

150 — *Dans la forêt.*

151 — *Après la pluie.*

COUTURIER (LÉON), né à Maçon (Côte-d'Or). — **S.** — S. N. — A Paris, rue Aumont-Thieville.

152 — *" La Catapulte ". — Torpilleur de haute mer.*

153 — *Pêcheur boulonnais.*

D

DAMBÉZA (Léon), né à Paris, élève de MM. Jules Lefebvre et Harpignies. — **H. C.** — S. A. F. — A Paris, rue St-Simon, 11.

154 — *Dans les Ardennes.*

155 — *Lever de lune.*

DAMERON (EMILE), né à Paris, élève de Pelouse. — **H. C.** — S. A. F. — ✳. — A Paris, rue Rochechouart, 38.

156 — *Les laveuses de Montbard ; — Cote-d'or.*

DANGER (Henri-Camille), élève de Gérome et A. Millet. —
H. C. — S. A. F. — ☀. — A Levallois (Seine), rue Chaptal, 84.

157 — " *Mon royaume n'est pas de ce monde* ".

158 — *Tête de femme Louis XVI.*

DARIEN (Henry-Gaston), né à Paris, élève de MM. Jules Lefebvre et Guillemet. — **H. C.** — S. A. F. — A Paris, boulevard
Saint-Michel, 113.

159 — *La corvée du Dimanche.*

160 — *Marine.*

DAUDIN (Henry-Charles), élève de Cabanel et de M. Cormon
— **M. H.** — S. A. F. — A Paris, boulevard de Clichy, 60.

161 — *Après la cueillette.*

162 — *Rêverie du soir.*

DAUPHIN (Eugène). — S. N. — ☀. — Cap-Bruce (Toulon).

163 — *Le port de Toulon ; — crépuscule.*

164 — *Soleil d'automne.*

DAWANT (Albert-Pierre), né à Paris, élève de M. Jean-Paul
Laurens. — **H. C.** — S. A. F. — O.☀. — A Paris, rue Ampère, 9.

165 — " *Dans la mort* " *Sébastopol 1854-1855.*

DEBAT-PONSAN (Edouard - Bernard), né à Toulouse
(Haute-Garonne), élève de Cabanel. — **H. C.** — S. A. F. — ☀. —
A Paris, avenue Victor-Hugo, 55.

166 — Melle *Sandrini dans la Maladetta ; — Ballet.*

167 — *Rives ombreuses.*

DEBON (Edmond), né à Condé-sur-Noireau (Calvados), élève de
Henner et de M. Carolus Duran. — **H. C.** — S. A. F. — A Paris,
rue Caulaincourt, 65 et chez M. Haro, rue Visconti, 14.

168 — *Un retour de pêcheurs.*

DÉCHENAUD (Adolphe), né à Chalon-sur-Saône (Saône-et-
Loire), élève de Boulanger, de Benjamin-Constant et de M. Jules
Lefebvre. — **H. C.** — S. A. F. — A Paris, place Pigalle, 11.

169 — *Portrait de Mr Dujardin-Beaumetz.*

DE CONINCK (Pierre-Louis-Joseph), né à Meteren (Nord),
élève de Léon Cogniet. — **H. C.** — S. A. F. — ☀. — A Meteren
(Nord).

170 — *Enfants au papillon.*

DELACROIX-GARNIER (Pauline), élève de Jules Garnier et de M. Henry Delacroix. — **M. H.** — S. A. F. — A Paris,
rue de Douai, 22.

171 — " *Printemps* ".

172 — *Le Matin.*

DELACROIX (Henry-E.), né à Solesmes (Nord), élève de Cabanel. — **H. C.** — S. A. F. — ✳. — A Paris, rue de Douai, 22.

173 — *Fuyant la vague.*

174 — *Le verger ; — paysage.*

DELANCE (Paul-Louis), né à Paris. — **S.** — S. N. — A Paris, rue Bausset, 7.

175 — *Le Réveil.*

176 — *L'Oise et la Seine à Conflans Sainte-Honorine.*

DELÉCLUSE (Auguste), né à Roubaix. — **A.** — S. N. — A Paris, rue Notre-Dame-des-Champs, 84.

177 — *La convalescente.*

178 — *Le petit fermier.*

DELPY (Camille-Hippolyte), né à Joigny (Yonne), élève de Corot et de Daubigny. — **H. C.** — S. A. F. — A Paris, rue Hégésippe-Moreau, 15.

179 — *Bords de la Seine.*

180 — *Bords de la Seine ; — Soleil couchant.*

DEMAREST (Guillaume-Albert), né à Rouen (Seine-Inférieure), élève de MM. J. Lavée et Jean-Paul Laurens. — **H.C.** — S.A.F. — A Paris, avenue de Tourville, 17.

181 — *En Bretagne.*

DEMONT (Adrien-Louis), né à Douai (Nord), élève d'Émil Breton, de Joseph Blanc et Jules Breton. — **H.C.** — S.A.F. — ✳ — A Wissant, par Marquise (Pas-de-Calais).

182 — *Les oranges.*

183 — *Soir d'orage.*

DEMONT-BRETON (Mᵐᵉ Virginie-Élodie), née à Courrière (Pas-de-Calais), élève de Jules Breton. — **H.C.** — S.A.F. — ✳ — A Wissant, par Marquise (Pas-de-Calais).

184 — *Le fond du panier.*

185 — *Le Gui.*

DÉSIRÉ-LUCAS, né à Port-de-France (Martinique), élève de Bouguereau, et de MM. Tony-Robert Fleury, Jules Lefebvre et Gabriel Ferrier. — **H.C.** — S.A.F. — A Paris, rue Bayen, 33.

186 — *L'Homme des champs.*

187 — *Derniers conseils d'un laboureur à ses enfants.*

DESPLANQUES (Alfred), né à Tourcoing (Nord), élève de MM. J.-J. Weerts et Carolus-Duran. — A Tourcoing (Nord), rue du Haze, 104.

188 — *Les oignons.*

189 — *Doux propos.*

DESTREM (Casimir), né à Toulouse (Haute-Garonne), élève de M. Bonnat. — **H.C.** — S.A.F. — A Paris, rue du Ranelagh, 85 bis.

190 — *Étang au crépuscule.*

191 — *Un coin de parc.*

DESURMONT (ERNEST), né à Tourcoing (Nord), élève de MM. Évariste Carpentier et P.-M. Dupuy. — **M.H.** — S.A.F. — A Tourcoing, rue de Gand, 363.

192 — *Chanson rustique.*

193 — *Au bois.*

DESVALLIÈRES (GEORGES-OLIVIER), élève de Gustave Moreau, Delaunay et Valadon.— **S.** — S.N. — A Paris, rue Saint-Marc, 14.

194 — *" Orphée ".*

195 — *Femme du Moulin-Rouge.*

DEULLY (EUGÈNE-AUGUSTE-FRANÇOIS), né à Lille (Nord), élève de Gérôme et d'Auguste Glaize et de M. Léon Glaize. — **H.C.** — S. A. F. — A Paris, Villa Rubens, impasse du Maine, 9.

196 — *Portrait de Mme E. D.*

197 — *La partie du Grand-père.*

DEVAMBEZ (ANDRÉ), né à Paris, élève de Benjamin Constant et de MM. Gabriel Gay et Jules Lefebvre. — **H. C.** — S. A. F. — A Paris, du Mont-Dore, 11.

198 — *Le dîner de 1re communion dans la loge du concierge.*

DEYROLLE (THÉOPHILE-LOUIS), né à Paris, élève de Cabanel et de Bouguereau. — **H. C.** — S. A. F. — à Concarneau (Finistère).

199 — *Naufrage à l'entrée du port de Concarneau.*

DIDIER (JULES), né à Paris, élève de Léon Cogniet et de Jules Laurens. — **H. C.** — S. A. F. — ✳ — A Paris, rue de Javel, 88.

200 — *Troupeau de bœufs en marche ; — Italie.*

DILLON (HENRY-PATRICE), élève de M. Carolus-Duran.—**H.C.**— S. A. F. — ✳ — A Paris, boulevard Rochechouart, 84.

201 — *Forgeron.*

202 — *Lanternes.*

DILLY (GEORGES-HIPPOLYTE), né à Lille (Nord), élève de MM. Bonnat, Gervais et De Winter. — **H. C.** — A Paris, boulevard Saint-Jacques, 41.

203 — *Dernière heure en Flandre.*

DOIGNEAU (EDOUARD), né à Nemours (Seine-et-Marne), élève de MM. Jules Lefebvre et Tony Robert-Fleury. — **3° M^{ed}.** — S. A. F. — A Paris, Villa Niel, 2.

204 — *La ronde des petites Bigoudennes.*

DUBUFE (GUILLAUME), né à Paris. — **S.** — S. N. — O. ✳ — A Paris, avenue de Villiers, 43.

205 — *Nuit claire.*

206 — *Soir d'or.*

DUCHEMIN (Daniel), né à Segré (Maine-et-Loire), élève de
M. Armand Beauvais. — A Paris, rue de Bourgogne, 57.

207 — *En Flandre.*

208 — *Dans la prairie.*

DUHEM (HENRI), né à Douai (Nord). — **S.** — S. N. — A
Douai, rue d'Arras, 10.

209 — *Nuit claire.*

DUPAIN (EDMOND-LOUIS), né à Bordeaux (Gironde) élève de
Cabanel. — **H. C.** — S. A. F. — ✳ — A Paris, boulevard du
Montparnasse, 152. —

210 — " *Pour elle..... malgré les édits* ".

211 — *Malice.*

DUPRÉ (JULIEN), né à Paris, élève de Pils, de Laugée et de
Lehmann. — **H. C.** — S. A. F. — ✳ A Paris, boulevard Flandrin, 20.

212 — *Le marécage.*

DUPREZ - KRUSEMAN - VAN - ELTEN (Mᵐᵉ ELI-
SABETH F.), née à New-York, élève de MM. Raphaël-Collin, Gustave
Courtois et L. A. Girardot. — A Paris, rue d'Assas, 100.

213 — *Retour de Kermesse.*

DUPUY (PAUL-MICHEL), né à Pau (Basses-Pyrénées), élève de
MM. Bonnat et Albert Maignan. — **H. C.** — S. A. F. — A Paris,
rue de Lévis, 45.

214 — *Arragonnaise au marché d'Arreau ; — Hautes-Pyrénées.*

215 — *Retour du marché à la frontière ; — Hautes-Pyrénées.*

DUVILLIER (GEORGES), né à Tourcoing (Nord), élève de
M. Jacquet. — ✳ — A Tourcoing, rue Dervaux, 9.

216 — *Grande marée.*

217 — *Départ de bateaux de pêche à Heyst-sur-Mer.*

E

EDOUARD (ALBERT-JULES), né à Caen (Calvados), élève de
L. Cogniet, de Gérôme et d'Elie Delaunay. — **H. C.** — S. A. F. —
A Paris, quai Saint-Michel, 19.

218 — *Atelier de jeunes filles peintres.*

219 — *Idylle normande.*

ELIOT (MAURICE), né à Paris, élève de Cabanel. — **S.** — S. N.—
A Paris, boulevard de Clichy, 37.

220 — *Rochers à Agay. — Var.*

221 — *La mer à Carolles.*

ENDERS (Jean), né à Besançon (Doubs), élève de MM. E. Baille et F. Cormon. — **H. C.** — S. A. F. — A Asnières (Seine) rue Franklin, 35.

222 — *La Rive des Nations à l'Exposition Universelle de Paris en 1900.*

ERNST (Rodolphe), né à Vienne (Autriche), élève de M. Féuerbach. — **M. H.** — S. A. F. — A Paris, rue Humboldt, 25.

223 — *Lecture du Coran.*

ESCALIER (Nicolas), élève de M. André. — **H. C.** — S. A. F. — ✳ — A Paris, rue de Rome, 157.

224 — *La porte Saint-Denis et les Boulevards environnant par un soir d'Automne à Paris.*

ESTIENNE (Henry d'), né à Conques (Aude) élève de Gérôme et de Joseph Blanc. **H. C.** — S. A. F. — A Paris, avenue Daumesnil, 48.

225 — *La jeune malade.*

226 — *Baptistère de l'église Saint-Marc. — Venise.*

F

FAIVRE (Maxime), né à Paris, élève de Gérôme et de Boulanger. **H. C.** — S. A. F. — A Paris, rue Herran, 4.

227 — *" Camille ".*

FANTY-LESCURE (Gaston), né à Paris, élève de M. Cormon. — **M. H.** — S. A. F. — A Paris, rue Fontaine, 42.

228 — *Le broyeur de lin.*

FATH (René-Maurice), né à Paris, élève de Cabanel et de C. Bernier. — **H. C.** — S. A. F. — A Maisons-Laffitte (Seine-et-Oise), rue du Mesnil, 49.

229 — *Une cabane de bûcheron : environs de Paris.*

230 — *Dans la coupe ; environs de Paris.*

FELIN (Manel), né à Barcelone. — A. S. N. — A Paris, rue Danrémont, 27.

231 — *Les rochers du Faon (Ile de Bréhat) ; — effet de soleil.*

232 — *Juanita (tête de jeune fille) ; — effet de lumière.*

FEYEN (Eugène), né à Bey-sur-Seille (Meurthe-et-Moselle), élève de Paul Delaroche. — **H. C.** — S. A. F. — ✳ — A Paris, boulevard de Clichy, 11.

233 — *Les Quilles ; — le dimanche à Cancale.*

FIDRIT (Charles-André), né à Paris, élève de M. Bonnat. — **M. H.** — S. A. F. — A Paris, rue Paul Féval, 1.

234 — *L'après-midi sur la Digue.*

FOUBERT (Émile-Louis), né à Paris, élève de l'École municipale de Bayonne et de MM. Bonnat et Busson. — **H. C.** —· S. A. F. — A Paris, rue Clauzel, 10.

235 — *La balançoire.*

FOUGERAT (Emmanuel), né à Rennes (Ille-et-Vilaine), élève de MM. J.-P. Laurens et de Albert Maignan. — **H. C.** — S. A. F. — A Nantes (Loire-Inférieure) rue Briord, 13.

236 — *Mère et fiancés.*

FOUQUERAY (Charles), né au Mans (Sarthe), élève de Cabanel et de M. Cormon. — **H.C.** — S. A. F. — A Paris, rue de la Tombe-Issoire, 83.

237 — *Sortie de Brest de l'Escadre de Ganteaume ; — 3 pluviose an IX.*

238 — *Marée basse ; — Ile d'Oléron.*

FOURIÉ (Albert), né à Paris, élève de Gautherin et de M. J.-P. Laurens. — **S.** — S. N. — ✻ — A Paris, rue Eugène-Flachat, 30.

239 — *Fille d'Ève.*

240 — *Le Ruisseau.*

FOURNIER (Hippolyte), né à Rablay (Maine-et-Loire), élève de MM. J.-P. Laurens et Brunclair. **H. C.** — S. A. F. — A Gonnord par Chemille (Maine-et-Loire).

241 — *Mère*

    « Je dors mais mon cœur veille »   André Chénier.

242 — *L'heure des livres et du thé.*

FOURNIER (Victor-Alfred), né à Paris, élève de Gérôme et M. Albert Maignan. — **M.H.** — S.A.F. — A Paris, rue Clauzel, 19.

243 — *Commères ; — Bretagne.*

FRAIPONT (Gustave), né à Bruxelles (Belgique), élève de Hendrickx et de H. de Hem. — **H. C.** — S. A. F. — ✻ — A Paris, rue de Vaugirard, 95.

244 — *La Chambre des Députés.*

FURT (P.-Léonce). — **M. H.** — S. A. F. — A Paris, rue Boissonade, 11.

245 — *A Trianon.*

246 — *Le Pont Sully.*

G

GAGLIARDINI (Julien-Gustave) né à Mulhouse (Alsace), — **H. C.** — S. A. F. — ✻ — A Paris, boulevard de Clichy, 12.

247 — *Sous le gros platane ; — Salerne.*

248 — *Paysage d'Italie.*

GALLIAC (LOUIS), né à Dijon (Côte-d'Or), élève de Cabanel et de M. Bonnat. — **H. C.** — S. A. F. — ✻ — A Paris, boulevard de Clichy, 60.

249 — *Dans l'atelier; — le goûter du modèle.*

GARAUD (GUSTAVE), né à Toulon (Var), élève de Français. — **H. C.** — S. A. F. — A Nice (Alpes-Maritimes), avenue Notre-Dame, 2.

250 — *La Baie de Douarnenez en été.*

251 — *Rue du village; — Italie.*

GARDIER (RAOUL DU), né à Wiesbaden (Allemagne), de parents français, élève de Gustave Moreau et de MM. Chartran et Albert Maignan. — **H. C.** — S. A. F. — A Paris, rue Rosa-Bonheur, 2.

252 — *Sur la Tamise.*

253 — *Enfant sur la plage.*

GARIBALDI (JOSEPH), né à Marseille (Bouches-du-Rhône), élève de Vollon. — **3° Méd.** — S. A. F. — A Marseille, quai de Rive-Neuve, 39.

254 — *Paysage en Provence.*

GAY (WALTER), né aux États-Unis d'Amérique, élève de M. Bonnat. — **S.** — S. N. — ✻ — A Paris, rue Ampère, 73.

255 — *Salle IV; Palais de Fontainebleau.*

256 — *Les eaux de Courances; — Château de Courances.*

GÉLIBERT (JULES-BERTRAND), né à Bagnères-de-Bigorre (Hautes-Pyrénées). — **H. C.** — S. A. F. — ✻ — A Cap-Breton (Landes), Villa Saint-Hubert.

257 — *Rapport d'un faisan.*

258 — *Down! chiens et lièvre.*

GEOFFROY (JEAN), né à Marennes (Charente-Inférieure), élève de Eugène Adan et de M. E. Levasseur. — **H. C.** — S. A. F. — ✻. — A Paris, rue des Lilas, 7.

259 — *Les verriers.*

260 — *Une leçon de chant.*

GILBERT (VICTOR-GABRIEL), né à Paris, élève de Eugène Adan et M. Busson. — **H. C.** — S. A. F. — ✻. — A Paris, rue Victor-Massé, 26.

261 — *Veille de Noël.*

GILLOT (E.-LOUIS), né à Paris. — **S.** — S. N. — A Paris, rue Notre-Dame-des-Champs, 86.

262 — *La rue Dufour; — Paris.*

263 — *Le gros bateau; — Venise.*

GIRARD (ALBERT), né à Paris, élève de son père. — **H. C.** — S. A. F. — ✻. — A Paris, rue de Courcelles, 69.

264 — *Lever de soleil.*

GIRARDET (EUGÈNE), né à Paris, de parents suisses, élève de Gérôme. — **H. C.** — S. A. F, — A Paris, rue Legendre, 4.

265 — *La rentrée des troupeaux au village. — El Kantara.*

266 — *En charrette au Caire.*

GIRARDET (PAUL), élève de Cabanel. — A Neuilly-sur-Seine (Seine), boulevard Ikermann, 26.

267 — *L'entrée des Petites-Dalles.*

268 — *La vallée des Petites-Dalles.*

GIRARDET (JULES), né à Paris, élève de Cabanel. — **H. C.** — S. A, F. — ✻. — A Paris, rue Théophile-Gautier, 55.

269 — *Napoléon 1ᵉʳ à bord du Bellérophon : — Rade de Plymouth.*

270 — *Une évasion.*

GIRARDOT (LOUIS-AUGUSTE), né à Loulans-les-Forges. — **S.**— S. N. — A Paris, rue d'Assas, 68.

271 — *Mauresque sur la Terrasse.*

272 — *La fuite en Egypte.*

GODEBY (CHARLES-LÉON), né à Rennes (Ille-et-Vilaine), élève de Gérôme et de M. Luc-Olivier Merson. — **H. C.** — S. A. F. — A' Paris, rue Cauchois, 9.

273 — *Marchande Arabe à Constantine.*

274 — *Rio San Grégorio ; — Venise.*

GORGUET (AUGUSTE-FRANÇOIS), né à Paris, élève de Boulanger, Gérôme et de M. Bonnat. — **H. C.** — S. A. F. — A Paris, rue Campagne-Première, 10*bis.*

275 — *" Andante Nocturne ".*

GOSSELIN (ALBERT), né à Paris, élève de MM. Jules Lefebvre et Harpignies. — **H. C.** — S. A, F. — ✻. — A Paris, avenue de Breteuil, 63.

276 — *Bords du Loing.*

GOUNIN (HENRI), élève de Dardoize. — **M. H.** — S. A. F. — A Paris, boulevard du Montparnasse, 62.

277 — *En plaine ; — Eure-et-Loir.*

278 — *Coin de village ; — Eure-et-Loir.*

GRAU (GUSTAVE-ADOLPHE), né à Haubourdin (Nord), élève de MM. Bonnat et Albert Maignan. — **H-C.** — S. A. F. — A Paris, rue de Bagneux, 3 *bis.*

279 — *Portrait de mon père.*

280 — *En famille.*

GRIMELUND (JOHANNES), né à Christiania (Norvège), élève de Hans Gude. — **H. C.** — S. A. F. — ✻. — A Paris, rue de Douai, 38.

281 — *Port d'Anvers.*

282 — *La vieille Tour d'Heyst-sur-Mer ; — Belgique.*

GRIVEAU (GEORGES), né à Paris. — **S.** — S. N. — A Paris, quai d'Anjou, 15.

283 — *Le château de Combourg ; — Wurtemberg.*

GROSJEAN (HENRY), né à Gondrecourt (Meuse), élève de MM. Jules Lefebvre et Tony-Robert-Fleury. — **H. C.** — S. A. F. — A Neuilly-sur-Seine, rue Jacques-Dulud. 71.

284 — *Vers le soir ; — Chazelles.*

285 — *Le Coteau ; — Jura.*

GRÜN (JULES-ALEXANDRE), né à Paris, élève de M. Guillemet. — **H. C.** — S. A. F. — A Paris, boulevard Berthier, 31.

286 — *Les cuivres.*

287 — *Effet de lumière.*

GRÜN (MAURICE), né à Reval (Russie), élève de MM Jules Lefebvre et Tony-Robert-Fleury. — A Concarneau (Finistère).

288 — *Château de cartes : — Bretonne.*

289 — *Vieille rue à Concarneau ; — Finistère.*

GUELDRY (FERDINAND), né à Paris, élève de Gérôme. — **H. C.** — S. A. F. — A Paris, rue Saint-Didier, 53.

290 — *Les retardataires.*

291 — *Yole à deux.*

GUÉRY (ARMAND), né à Reims (Marne), élève de Rigon. — **H. C.** — S. A. F. — A Pontgivart, par Bourgogne (Marne), villa des Fleurs.

292 — *Ruisseau à Noirval ; — Ardennes.*

GUEY (FERNAND-LÉON-LUCIEN), né à Vincennes (Seine), élève de MM. Cormon, Dameron et Flameng. — A St-Mandé (Seine), rue Granville, 4.

293 — *Sous bois.*

299 — *Un vieux calvaire ; — Franche-Comté.*

GUILLAUME (ALBERT), né à Paris, élève de Gérôme et de M. Chartran. — **S.** — S. N. — ☀ — A Paris, rue Jean-Bart, 3.

295 — *Visite au Louvre.*

GUILLEMET (ANTOINE), né à Chantilly (Oise). — **H. C.** — S. A. F. — O. ☀. — A Paris, rue Clauzel, 6.

296 — *Soir de Novembre.*

GUILLONNET (OCTAVE-DENIS-VICTOR), né à Paris, élève de MM. Lionel-Royer et Cormon. — **H. C.** — S. A. F. — ☀ — A Paris, boulevard de Clichy, 60.

297 — *Ombre et Soleil ; — Provence.*

GUILLOU (Alfred), né à Concarneau (Finistère), élève de Cabanel et Bouguereau. — **H. C.** — S. A. F. — ☀ — A Paris, boulevard du Montparnasse, 159 bis.

298 — " *Pour l'Absent* " ; — *Jour de Première Communion à Concarneau. (Finistère).*

GUINIER (Henri), né à Paris, élève de Benjamin-Constant et de M. Jules Lefebvre. — **H. C.** — S. A. F. — A Neuilly-sur-Seine (Seine), avenue de Neuilly, 61.

299 — *Bretonne tricotant.*

300 — *Femmes de pécheurs bretons.*

H

HAREUX (Ernest-Victor), né à Paris, élève de Pelouse, de Bin, de Francis Trotin et de M. Busson. — **H. C.** — S. A. F. — A Grenoble (Isère), place de la Bastille.

301 — *Soir d'été à Venox en Oisans ; — Isère.*

HERMANN-LÉON (Charles), né au Havre (Seine-Inférieure), élève de Ph. Rousseaux et de Fromentin. — **H. C.** — S. A. F. — ☀ — A Paris, avenue Frochot, 8.

302 — *Sortie de Chenil.*

303 — *Chien d'arrêt.*

HIS (René-Charles-Edmond), né à Colombes (Seine), élève de MM. Jules Lefebvre et Tony Robert-Fleury. — A Paris, rue Véron, 24.

304 — *La mare Saint-James.*

HOUBRON (Frédéric), à Conflans Sainte-Honorine (Seine-et-Oise). — Rue Pasteur, 10.

305 — *Le Pont de la Concorde.*

I

IWILL (Marie-Joseph), né à Paris. — **S.** — S. N. — ☀ A Paris, quai Voltaire, 11.

306 — *Avant l'orage ; — Venise.*

307 — *Brumes de Novembre ; — Venise.*

J

JACOB (ALEXANDRE), né à Paris, élève de **M.** Eugène Claude. — A Asnières (Seine), Grande-Rue, 22.

308 — *Après-midi d'automne ; — Bords du petit Morin.*

309 — *Matin d'automne à Chaville ; — Seine-et-Oise.*

JACOB (STÉPHEN), né à Dijon (Côte-d'Or), élève de Pils et de M. Bonnat. — **3ᵐᵉ Méd**. — S. A. F. — A Paris, quai Saint-Michel, 3.

310 — *Le départ pour la Fête-Dieu.*

311 — *Dans les champs.*

JACQUET (HENRY-LÉON), né à Anzin (Nord), élève de Cabanel. — **3ᵐᵉ Méd**. — S. A. F. — A Tourcoing (Nord), rue de Gand, 48.

312 — " *Le parrain à la chandèle ; — baptème dans le Boulonnais (tiré des récits de Mᵐᵉ Demont-Breton).*

313 — *Portrait de M. Loridant, Conseiller Général.*

JAMAR (ARMAND), né à Liège (Belgique), élève de **M.** Evariste Carpentier. — **M. H.** — S. A. F. — A Bruxelles (Belgique), rue Albert-de-la-Tour, 30.

314 — *Intérieur.*

315 — *Paysage.*

JAPY (LOUIS), né à Berne (Doubs), élève de Français et de Corot **H. C.** — S. A. F. — A Paris, rue de Rome, 157.

316 — *La Loire à Bas-en-Basset.*

317 — *Matinée d'Octobre.*

JEANNIN (GEORGES), né à Paris. — **H. C.** — S. A. F. — ✻ — A Paris, rue Jouffroy, 48.

318 — *Pot de roses.*

319 — *Lilas.*

JIMENEZ (LOUIS), né à Séville (Espagne), élève de l'École des Beaux-Arts de Séville. — **H. C.** — S. A. F. — ✻ — A Pontoise (Seine-et-Oise), rue Croix-du-Bourg, 6.

320 — *L'Eté ; — Bords de l'Oise à Valmondois.*

321 — *Le repos.*

JOURDEUIL (ADRIEN), né à Saint-Pétersbourg, élève des Écoles des Beaux-Arts de Paris et de Lyon, de Bouguereau et de MM. Bonnat et Tony-Robert-Fleury. — **H. C.** — S. A. F. — A Paris, rue Saulnier, 6.

322 — *Pastorale printanière ; — Cap d'Antibes.*

323 — *Gros temps ; — Cap d'Antibes.*

K

KIND (Auguste), né à Forbach (Lorraine annexée), élève de Pierre Bourgogne. — **M. H.** — S. A. F. — A Nancy (Meurthe-et-Moselle), villa des Sapins, et à Paris, avenue Frochot, 13.

324 — *Roses trémières.*

KOOS (Victor), né à Lyon, élève de Puvis de Chavannes. — **S.** — S. N. — A Paris, passage Dantzig, 2.

325 — *Le Chèvre-pied.*

326 — *Paysage breton.*

KOUSNIETSOFF (Nicolas). — **H. C.** — S. A. F. — A Odessa (Russie), Langeron, 1.

327 — *Portrait de Marie Kousnietsoff;* — *de l'Opéra Impérial de St-Pétersbourg.*

328 — *Paysanne;* — *petite russianne.*

L

LADEVÈZE-CAUCHOIS (Mᵐᵉ Louise de), née à Paris, élève de MM. E.-H. Cauchois et Hermann-Léon. — **M. H.** — S. A. F. — A Paris, rue Grange-Batelière, 15.

329 — *En maraude.*

LAGROST (Mˡˡᵉ Marguerite), née à Macon (Saône-et-Loire), élève de MM. Busson et Krug. — A Epernay (Marne), rue du Paumier, 7.

330 — *Fleurs d'hiver;* — *dans une bouriche.*

331 — *Roses d'été.*

LANDELLE (Charles), né à Laval (Mayenne), élève de Paul Delaroche et d'Ary Scheffer. — **H. C.** — S. A. F. — ✲. — A Chennevières-sur-Marne (Seine-et-Oise).

332 — *Les regrets de Mignon.*

333 — *La Vérité.*

LANDRÉ (Mˡˡᵉ Louise-Amélie), née à Paris, élève de Chaplin et de MM. Barrias et Foubert. — A Paris, rue du Faubourg-Saint-Honoré, 233.

334 — *Dans un rève.*

LAPARRA (William), né à Bordeaux (Gironde), élève de Bouguereau et de MM. J. Lefebvre et Tony Robert-Fleury. — **H. C.** — S. A. F. — A Boulogne-sur-Seine, rue Moisson-Desroches, 12.

335 — *" L'ovation ".*

LARTEAU (Albert-François), né à Nancy (Meurthe-et-Moselle), élève de Benjamin-Constant et de MM. Jules Lefebvre, Gabriel Ferrier, Flameng et Boutigny. — **H. C.** — S. A. F. — A Nancy, rue du Joli-Cœur, 9.

336 — *Puddleurs.*

LASZLO (Philipp-Alexius) , né à Budapest (Hongrie), élève de Benjamin-Constant et de M. Jules Lefebvre. — **H. C.** — S. A. F. — A Vienne (Autriche), IV, Heugasse, 12.

337 — *Portrait de ma femme ; — étude.*

LAUGÉE (Georges), né à Montivilliers (Seine-Inférieure), élève de son père, de Pils et de Lehmann. — **H. C.** — S. A. F. — A Paris, boulevard Flandrin, 20.

338 — *Un coup de vent.*

LAURENS (Paul-Albert), né à Paris, élève de Benjamin-Constant et de M. Cormon. — **H. C.** — S. A. F. — A Paris, avenue de Tourville, 17.

339 — *Aux aguets.*

340 — *La passerelle.*

LAURENS (Jean-Pierre), né à Paris, élève de M. Bonnat. — **H. C.** — S. A. F. — A Paris, rue Falguière, 9.

341 — *Retour de pêche.*

342 — *Jeune Mère.*

LAUTH (Frédéric), né à Paris, élève de Cabanel et de MM. Cormon et Albert Maignan. — **H. C.** — S. A. F. — A Paris, rue d'Assas, 36.

343 — *La Dame au chapeau.*

LAUVERNAY-PETITJEAN (Mme Jeanne), née à Amiens (Somme). — **M. H.** — S. A. F. — A Paris, boulevard des Batignolles, 48.

344 — *Pavots.*

LAVERGNE (Georges), né à Paris, élève de H. Lévy et de M. Jules Lefebvre. — **H. C.** — S. A. F. — A Paris, Villa Guilbert, 9, rue de la Tour, 83.

345 — *Au bois.*

346 — *Annonciation.*

LA VILLETTE (Mme Elodie, née à Strasbourg (Alsace), élève de Coroller. — **H. C.** — S. A. F. — A Renaron, en Saint-Pierre-Quiberon (Morbihan).

347 — *Coucher de soleil au Port-Blanc ; — Quiberon (Morbihan).*

348 — *Effet de soleil à Port-Louis (Morbihan) ; — marée montante.*

LAYRAUD (Joseph-Fortuné), né à Roche-sur-le-Buis (Drôme), élève de Robert-Fleury et de Léon Cogniet. — **H. C.** — S. A. F. — O. ✳. — A Valenciennes (Nord), Académie des Beaux-Arts.

349 — *Portrait de Gambetta.*

" Se soumettre ou se démettre ".

(Discours prononcé à Lille, le 15 août 1877).

LE GOUT - GÉRARD (Ferdinand-Marie-Eugène), né à Saint-Lô (Manche). — **S.** — S.N. — ✳ — A Paris, rue Ampère, 93.

350 — *Une rue du marché à Audierne (Finistère).*

351 — *Débarquement de thon ; — Finistère.*

LEGRAND (Paul), né Vitry-sur-Seine (Seine), élève de Gérôme et de M. Saintpierre. — **H. C.** — S. A. F. — A Paris, boulevard de Clichy, 12.

352 — *Convalescence de la supérieure.*

353 — *Au couvent ; — Automne.*

LEMAIRE (Louis), né à Paris, élève de Julien Dupré. — **H. C.** — S. A. F. — A Paris, rue Rochechouart, 67.

354 — *Premières pivoines.*

355 — *Une ferme, près Saint-Jean-de-Luz (Basses-Pyrénées).*

LE POITTEVIN (Louis), né à La Neuville-Champ-d'Oise (Seine-Inférieure), élève de Bouguereau et de M. Tony-Robert-Fleury. — **H. C.** — S. A. F. — A Paris, rue Lecourbe, 2.

356 — *Sur la falaise ; — Saint-Lunaire (Ille-et-Vilaine).*

LE QUESNE (Fernand), né à Paris, élève de MM. Gervex et Albert Maignan. — **H. C.** — S. A. F. — A Paris, rue Vezelay, 7.

357 — *La Femme au béret.*

LEROUX (Auguste-Jules-Marie), né à Paris, élève de M. Bonnat. — **H. C.** — S. A. F. — A Paris, boulevard Saint-Jacques, 68 *bis*.

358 — *Portrait de Mme Maurice Duval.*

359 — *La Marseillaise ; — Musiciens ambulants dans une cour.*

LE ROY D'ETIOLLES (Mme Helen), née à Londres. — **3e Méd.** — S. A. F. — A Paris, avenue Wagram, 136.

360 — *Intérieur Hollandais.*

361 — *Le livre.*

LE SÉNÉCHAL DE KERDRÉORET (Gustan-Edouard), né à Hennebont (Morbihan), élève de P.-A. Cot et de Vollon. — **H. C.** — S. A. F. — ✳. — A Paris, rue du Cherche-Midi, 30.

362 — *Sur les bancs d'Huîtres à Cancale ; — Ille-et-Vilaine.*

363 — *La rue de Paris à Vitré ; — Ille-et-Vilaine.*

LE VILLAIN (Auguste–Ernest), né à Paris, élève de Guiaud et de Bernier. — **M. H.** — S. A. F. — A Paris, rue Alphonse-de-Neuville, 30.

364 — *Fin de Moisson (Environ de Paris).*

365 — *La Mare aux canards.*

LÉVY-DHURMER (Lucien), né à Alger. — A Paris, rue Labruyère, 3 *bis.*

366 — *Mère Bretonne.*

LHOMME (Victor), né à Lille (Nord), élèvede MM. P. De Winter et Bonnat. — **M. H.** — S. A. F. — A Lille, rue Fabien, 13.

367 — *Portrait de fillette.*

LIÉNARD (Emile), né à Paris, élève de MM. A. Morlon et A· Guillemet. — A Paris, rue Pascal, 53.

368 — *La Bièvre dans Paris ; — tannerie des frères Lepellay.*

369 — *La Bièvre dans Paris ; — teinturerie de peaux de M. Jacquelin, rue des Cordeliers.*

LIZAL (Alex), né à Dax (Landes), élève de Gérôme et de M. Albert Maignan. — A Paris, rue Saint-Jacques, 314.

370 — *Marché à Dax (Landes).*

LOIR (Luigi), né à Goritz (Autriche), de parents Français, élève de l'Ecole des Beaux-Arts de Parme. — **H. C.** — S. A. F. — ✳. — A Paris, rue de Turbigo, 89.

371 — *Souvenir de Jeunesse ; — Effet de lune.*

372 — *Un coin de la rue Réaumur ; — Crépuscule.*

LOPISGICH (Georges-Antonio), né à Vichy (Allier), élève de MM. Bonnat et Eugène Le Roux. — **3ᵉ Méd.** — S A. F. — A Paris, boulevard de Clichy, 11.

373 — *Fleurs de Printemps.*

LUMIÈRE (Claude-Antoine), né à Ormoy (Haute-Saône), élève d'Auguste Constantin, d'Alexandre Rapin, de Vollon, de Mˡˡᵉ Juana Romani et de MM. Antonin Mercié et Roybert. — A Lyon, rue Saint-Victor, Montplaisir.

374 — *Portrait de M. Claude Terrasse.*

M

MAC-CAMERON (Robert), né aux Etats-Unis d'Amérique, élève de M. Raphaël Collin. — **M. H.** — S. A. F. — A Paris, rue de Fleurus, 1.

375 — *Un bock.*

MAC-EWEN (Walter), élève de MM. Cormon et Tony-Robert-Fleury. — **H. C.** — S. A. F. — ✳ — A Paris, place Pigalle, 11.

376 — *La vieille Garde de la Maison d'Orange.*

377 — *" Lucie ".*

MAILLAUD (Fernand), né à Mouhet (Indre), élève de MM. Humbert, Wallet et Cormon. — **3e Méd.** — S. A. F. — A Paris, rue de l'Estrapade, 3.

378 — *Foire de la St-Martin à Issoudun.*

379 — *Abreuvoir à Argentan-sur-Creuse.*

MANCEAUX (A.-Louis), élève de Cabanel. — **M. H.** — S. A. F. — A Beauvais, rue Achille-Sirouy, 2.

380 — *Les Victimes du Grisou ; — Effet de neige.*

381 — *Le Chemin creux ; — Effet de neige.*

MANGEANT (P.-Emile), né à Paris. — **M. H.** — S. A. F.— A Versailles, avenue de Paris, 102 *bis.*

382 — *Le viaduc du Métropolitain en construction ; — Paris, Novembre 1904.*

383 — *La femme au bouquet de roses.*

MARAIS (Adolphe), né à Honfleur (Calvados), élève de Berchère et de M. Busson. — **H. C.** — S. A. F. — ✳ — Chez MM. Chaine et Simonson, rue Caumartin, 19, et à La Jehannerie, par Honfleur.

384 — *Dans le fossé : — environs de Honfleur.*

MARCHÉ (Ernest), né à Nemours (Seine-et-Marne). — **H. C.** — S. A. F. — A Paris, boulevard Richard-Lenoir, 109.

385 — *Soir sur le Loing.*

386 — *Terrasse sur le Loing.*

MARCOTTE (Mlle Marie-Antoinette), née à Troyes (Aube), élève de M. Jules Lefebvre. — **M. H.** — S. A. F. — A Anvers (Belgique), rue de la Province-Sud, 184.

387 — *" Un philosophe ".*

MARCOTTE DE QUIVIÈRES (Augustin-Marie-Paul), élève de Bourguereau. — **M. H.** — S. A. F. — A Paris, avenue de Villiers, 134.

388 — *Coucher de Soleil ; — Boulogne-sur-Mer.*

MAREC (Victor), né à Paris, élève de M. Jean-Paul Laurens. — **H. C.** — S. A. F. — A Paris rue de Chabrol, 18.

389 — *Les fondeurs.*

390 — *Les musiciens.*

MARONIEZ (Georges), né à Douai (Nord), élève de M. et M. Demont-Breton. — **H. C.** — S. A. F. — A Cambrai (Nord), boulevard Faidherbe, 36.

391 — *Embarquement de filets.*

392 — *Raz-de-Marée.*

MARTENS (Ernest-Edouard), né à Paris. — **M. H.** — S. A. F. — A Paris, boulevard Saint-Marcel, 68.

393 — *Le Printemps trouve les oiseaux morts dans les bois.*

394 — *Offrande à l'Amour.*

MARTIN-GAUTHEREAU (André), né à Paris, élève de MM. Albert Maignan, Henri Zo et Jean-Paul Laurens.— **3**me **Méd.** — S. A. F. — A Paris, boulevard Gouvion-Saint-Cyr, 77.

395 — *Les Samourais.*

396 — " *Un Marsouin* ".

MARTIN-KAVEL ; — **3**me **Méd.** — S. A. F. — A Neuilly-sur-Seine, boulevard d'Argenson, 26.

397 — " *Manon* ".

398 — " *Gitane* ".

MASURE (Jules), né à Braisne-sur-Vesle (Aisne), élève de Corot. — **H. C.** — S. A. F. — A Paris, rue de Bagnolet, 148.

399 — *Marée descendante.*

MATHIEU (Gabriel), né à Paris. — **3**me **Méd.** — S. A. F. — A Champigny-sur-Marne (Seine), rue Thiers, 9.

400 — *Bords de la Marne à Champigny.*

401 — *Bords de la Creuse ; — le matin.*

MÉNARD (Émile-René), né à Paris. — **S.** — S. N. — ✳ — A Paris, place du Panthéon, 7.

402 — *Terre antique ; — Agrigente.*

MÉRY (Paul), né à Bougival (Seine-et-Oise, élève de son père et de M. E. Cagniart. — **M. H.** — S. A. F. — A Paris, villa des Arts, rue Hégésippe-Moreau, 15.

403 — *Mare en Sologne.*

404 — *Bords de l'Hyères à Montgeron.*

MESDAG (Hendrick-Willem), élève de MM. Alma Gadenne et W. Roelofs. — **S.** — S. N. — ✳ — A La Haye (Pays-Bas), Laan Murderoost.

405 — *La rentrée des barques de pêcheurs à Schœnningue ; — temps orageux.*

406 — *A la plage de Schœnningue.*

MESPLES (Paul-Eugène), né à Paris. — **H. C.** — S. A. F. — ✳ — A Paris, rue Frochot, 16.

407 — *Quelques coryphées du tableau des " Myosotis ".*

408 — " *Ballerine* " ; — *Effet rouge.*

MIDY (Arthur), élève de M. Jean-Paul Laurens.— A Paris, avenue des Gobelins, 4.

409 — *Au Palais de Glace.*

MINARTZ (Tony), né à Cannes (Alpes - Maritimes). — **A.** — S. N. — A Paris, rue Fontaine, 37.

410 — *L'entr'acte au Music-hall.*

411 — *La fête foraine.*

MONET, à Paris. — Chez Durand-Ruel, rue Laffitte, 16.

412 — *Chemin de Petit Ailly ; — Varengeville.*

MONTAGNÉ (Louis), né à Avignon (Vaucluse), élève de
M. Paul Saïn. — **M. H.** — S. A. F. — A Paris, rue Boursault, 66.

413 — *Soir d'Avril, environs de Grignan (Drôme).*

414 — *Vieille Porte à Villeneuve-les-Avignon.*

MONTENARD (Frédéric), né à Paris. — **S.** — S. N. — ✳
A Paris, rue Ampère, 7.

415 — *La Sortie d'un voilier ; — Port de Marseille.*

416 — *En Provence.*

MONTÉZIN (Pierre-Eugène), né à Paris, élève de M. Raphaël
Fausse. — A Paris, boulevard Magenta, 42.

417 — *Nénuphars.*

MONTHOLON (François de), né à Paris, élève de Dardoize,
de Boulanger et de M. Jules Lefebvre. — **3ᵐᵉ Méd.** — S. A. F. —
A Paris, rue des Martyrs, 20.

418 — *Le matin dans les marais ; — Somme.*

MORISOT (Mˡˡᵉ Henriette), née à Paris, élève de Benjamin-
Constant et de MM. Jules Lefebvre, Tony Robert-Fleury et Jean-
Paul Laurens. — A Paris, rue de Chabrol, 71.

419 — *Mᵐᵉ Berthe de Pressilly.*
                    (Appartient à M. André Honnorat).

420 — *La Dyle à Malines.*

MORLON (Antoine-Paul-Émile). — **H. C.** — S. A. F. — Rue
de Tournon, 16.

421 — *Pêcheurs Dieppois ; — l'accostage du canot ; — retour du
    marché.*

MOTELEY (Georges-Jules), né à Caen (Calvados), élève de
MM. Jules Lefebvre et G. Guay. — **H. C.** — S. A. F. — A Paris,
rue Tourlaque, 22.

422 — *L'hiver ; bords de l'Orme.*

423 — *Le village d'Omonville ; — Manche.*

MOUJON-GAUVIN (Mᵐᵉ Eugénie), élève de MM. Delance,
Saintpierre et Luigi-Loir. — A Paris, faubourg du Temple, 4.

424 — *Église d'Osny ; — Seine-et-Oise.*

MOUREN (Henry), né à Marseille (Bouches-du-Rhône), élève de
M. Harpignies. — **3ᵉ méd.** — S. A. F. — Rue de Sèvres, 31.

425 — *Bords d'étang au Crépuscule.*

426 — *Coucher de soleil sur la Loire à Beauvoir.*

MUENIER (Jules-Alexis), né à Lyon, élève de Gérôme. —
S. — S. N. — ✳. — A Paris, rue Théodule-Ribot, 14.

427 — *Le Souvenir.*

428 — *Buveurs Corses.*

MURATON (Mme EUPHÉMIE), née à Beaugency (Loiret), élève de
M. Muraton. — **H. C.** — S. A. F. — A Paris, rue Duperré, 17.

429 — *Pêches.*

430 — *Convoitise.*

N

NOZAL (ALEXANDRE), né à Paris, élève de Luminais. — **H. C.** —
S. A. F. — ☀. — A Paris, quai de Passy, 7.

431 — *Les rochers rouges des Trayas ; — (Var).*

432 — *Un soir d'automne ; — l'étang.*

O

ODIER (JACQUES-LOUIS), né à Genève (Suisse), élève de M. Harpignies. — **H. C.** — S. A. F. — Au Cret-sur-Vevey, canton de
Vaud (Suisse).

433 — *Saint-Maurice-sur-Loir, vu des hauteurs de Jœuvres.*

OPPENHEIM (Mme ADELINE), née à New-York (États-Unis
d'Amérique), élève de Henri Lévy et de MM. Joseph Bail et Albert
Maignan. — **M. H.** — S. A. F. — A Paris, boulevard Malesherbes, 194.

434 — *Méditation.*

P

PANNEMAKER (STÉPHANE), élève de son père. — **H. C.** —
S. A. F. — ☀. — A Paris, 20, place des Vosges.

435 — *" Un typo " ; — Portrait de Victor Breton, professeur à
l'École Municipale du Livre.*

PAVEC (GEORGES), né à Saint-Brieuc (Côtes-du-Nord), élève de
MM. Jules Lefebvre, Tony Robert-Fleury et Bonnat. — A Paris,
rue Notre-Dame-de-Lorette, 46.

436 — *Petit mot.*

PENOT (ALBERT), né à Xermaménil (Meurthe-et-Moselle), élève de
M. Gabriel Ferrier. — **M. H.** — S. A. F. — A Paris, rue du
Dôme, 7.

437 — *Vénitienne ; — Tête de jeune fille.*

438 — *En visite.*

PEPE (Mlle VALENTINE), née à Douai (Nord), élève de MM. Adrien
Demont et Fernand Stiévenard. — **3e Méd.** — S. A. F. — A Wissant, par Marquise (Pas-de-Calais).

439 — *Fin d'Automne.*

PETIT (LOUIS), né à Arnancourt (Haute-Marne), élève de Monginot et de M. Dameron. — **M. H.** — S. A. F. — A Paris, rue Notre-Dame-des-Champs, 117.

440 — *La Seine au quai de Passy.*

PETIT-GÉRARD (PIERRE), né à Strasbourg (Alsace), élève de Gérôme. — **3ᵉ Méd.** — S. A. F. — Boulevard de Clichy, 60.

441 — *La procession.*

442 — *Sauts d'obstacles.*

PETITJEAN (EDMOND), né à Neufchâteau (Vosges). — **H. C.** — S. A. F. — ☀. — A Paris, boulevard des Batignolles, 48.

443 — *Le Leughenaer à Dunkerque.*

444 — *Le vieux port à Marseille.*

PEZANT (AYMAR), né à Bayeux (Calvados), élève de Vuillefroy. — **H. C.** — S. A. F. — A Paris, rue Hégesippe Moreau, 15.

445 — *Le Rû du marais.*

446 — *Le Pont du Communal.*

PICARD (LOUIS), né à Paris, élève de Gérôme. — **S.** — S. N. — ☀. — A Paris, avenue Frochot, 14, rue Victor-Massé, 26.

447 — *Au Théâtre.*

PIRODON (LOUIS-EUGÈNE), né à Grenoble (Isère), élève de MM. Hébert et G. Jadin. — A Paris, rue de la Tour d'Auvergne, 50.

448 — *Fruits.*

PLANQUETTE (FÉLIX), né à Arras (Pas-de-Calais), élève de MM. Cormon et Adrien Demont. — **H. C.** — S. A. F. — A Paris, rue Lamarck, 33.

449 — *La rentrée du troupeau.*

450 — *Coucher de Soleil (environs d'Avranches).*

POINT (ARMAND), né à Alger. — **A. S. N.** — A Paris, rue Notre-Dame-des-Champs, 56.

451 — *L'Orage.*

452 — *Etude de tête.*

POINTELIN (AUGUSTE-EMMANUEL), né à Arbois (Jura), élève de Victor Maire. — **H. C.** — S. A. F. — O ☀ — A Paris, rue Mayet, 16 *bis* et chez MM. Chaine et Simonson, rue Caumartin, 19.

453 — *Chênes des Moïdons (Jura).*

454 — *Matin dans les saules.*

POZIER (JACINTHE), né à Paris. — **M. H.** — S. A. F. — A Eragny, par Gisors (Eure).

455 — *La Ferme de Kerriquélen ; — Finistère.*

456 — *Intérieur de cour ; — Au printemps (Eragny-sur-Epte).*

PRÉVOT-VALERI (Auguste), né à Villeneuve-sur-Yonne, élève de MM. Jules Lefebvre et Guillemet. — **H. C.** — S. A. F. — A Paris, rue Aumont-Thieville, 6.

457 — *Soleil couchant.*

458 — *Le matin.*

PRINET (René-Xavier), né à Vitry-le-François (Marne). — **S.** — S. N. — ☀ — A Paris, 5, rue Boccador.

459 — *Le déjeûner.*

460 — *Le coup de vent.*

PRIOU (Louis), né à Toulouse (Haute-Garonne), élève de Cabanel. — **H. C.** — S. A. F. — A Paris, rue de la Sourdière, 31.

461 — *L'Hospitalité dangereuse.*

462 — *Fin de Rève.*

PROUVOST (Ernest). — A Roubaix, 116, rue des Arts.

463 — *La Meuse à Rotterdam.*

Q

QUESNEL (Robert-Camille), né à Paris, élève de Benjamin Constant et de MM. J.-P. Laurens, Toudouze et Baschet. — A Paris, rue Coëtlogon, 5.

464 — *Le béguinage de Bruges sous la neige.*

465 — *Le grand canal à Venise au soleil couchant.*

QUIGNON (Fernand-Just), né à Paris. — **H. C.** — S. A. F. — A Paris, boulevard Richard-Lenoir, 83.

466 — *La Nuée.*

467 — *La mare à Waben.*

R

RAGOT (Emile-Jean-Baptiste-Frédéric), né à Paris, élève de MM. Jules Lefebvre, Guillemet et Tony-Robert-Fleury. — **M. H.** — S. A. F. — A Paris, rue Turgot, 22.

468 — *Le Printemps.*

469 — *Ruisseau sous bois.*

RALLI (Théodore), né à Constantinople (Turquie), élève de Gérôme. — **H. C.** — S. A. F. — ☀. — A Paris, rue Aumont-Thieville, 6.

470 — *La veilleuse.*

RAVANNE (Feu-Gustave), élève de MM. Bonnat, Busson et Cormon. — **H. C.** — S. A. F. — A Paris, boulevard Péreire, 12.

471 — *Appareillage.*

472 — *Départ pour la pêche le soir.*

RAVAUT (René-Henri), né à Paris, élève de Butin et de M. J.-P. Laurens. — **H. C.** — S. A. F. — A Paris, rue Daubigny, 11.

473 — *La baie d'Authie ; — Berck.*

RENARD (Emile), né à Sèvres (Seine-et-Oise), élève de Cabanel et de César de Cock. — **H. C.** — S. A. F. — ☼ — A Paris, rue de Turenne, 65.

474 — *Le Pain.*

475 — *Le dessert.*

RENOIR, chez Durand Ruel. — A Paris, rue Laffitte.

476 — *Buste de femme.*

REYNAUD (François), né à Marseille (Bouches-du-Rhône), élève d'Emile Loubon. — **H. C.** — S. A. F. — A Paris, boulevard Péreire, 191.

477 — *La chevrière.*

RICHEMONT (Alfred-Paul-Marie de), né à Paris, élève de Bin et de M. Albert Maignan. — **H.C.** — S.A.F. — ☼ — A Paris, 75, rue de Courcelles.

478 — *" L'Encens " — " La Prière est un encens ".*

479 — *Paysage.*

RIDEL (Louis). — **H. C.** — S. A. F. — A Paris, boulevard Arago, 65.

480 — *Rêverie.*

481 — *Clématites.*

RIEDER (Marcel), né à Thann (Alsace), élève de Cabanel. — **H. C.** — S. A. F. — A Paris, rue de la Convention, 69.

482 — *Intimité.*

483 — *Jeune femme à sa toilette.*

RIGOLOT (Albert-Gabriel), né à Paris, élève de Pelouse. — **H. C.** — S. A. F. — ☼ — A Paris, avenue d'Eylau, 35.

484 — *Nuit sereine sur l'étang de Cernay.*

485 — *Matinée d'automne sur le Loing.*

RIVIÈRE (Charles), né à Orléans (Loiret), élève de M. Bergeret. — **3ᵉ Méd.** — S. A. F. — A Paris, boulevard Richard Lenoir, 24.

486 — *Vieille forge ; — Bretagne.*

ROBERT-FLEURY (Tony), né à Paris. — **H. C.** — S. A. F. — O. ☼ — A Paris, rue de Douai, 69.

487 — *Washington ; — 1783.*

ROLL (Alfred-Philippe), élève de Gérôme et de M. Bonnat. — **S.** — S. N. — C. ☼ — A Paris, rue Alphonse-de-Neuville, 41.

488 — *Vieille au fagot.*

489 — *" Au trot ".*

ROSSET - GRANGER (EDOUARD), né à Vincennes (Seine), élève de Cabanel. — **S.** — S. N. — ☼ — A Paris, avenue de Villiers, 45.

490 — *Tête ; — étude.*

ROTIG (GEORGES-FRÉDÉRIC), né au Hâvre (Seine-Inférieure), élève de Benjamin-Constant et de MM. Jules Lefebvre, Jean-Paul Laurens et Hermann Léon. — **H. C.** — S. A. F. — A Paris, rue Bochard-de-Saron, 9.

491 — *Sangliers sortant du bois le soir, pour chercher leur nourriture dans la neige.*

ROULLET (GASTON), né à Ars, Ile-de-Ré (Charente-Inférieure). — **H. C.** — S. A. F. — ☼ — A Paris, rue de Lille, 34.

492 — *Port de Venise.*

493 — *Dans la Guidecca ; — Venise.*

ROUSSEAU (HENRI-EMILIEN), né au Caire (Egypte), de parents français, élève de Gérôme. — **H. C.** — S. A. F. — A Paris, rue Hégésippe Moreau, 15.

494 — *" L'Embuscade " ; — Algérie.*

495 — *Messe basse.*

ROUSSEL (CHARLES), né à Tourcoing Nord), élève de Cabanel et de M. Tattegrain. — A Berck-Plage (Pas-de-Calais), avenue de la Gare, 27.

496 — *La prière avant la mise des filets dans le bâteau.*

497 — *Soleil couchant ; — — Pêcheurs.*

ROUSSEL - GEO (GEORGES-FRÉDÉRIC), né à Beauvais (Oise), élève de Cabanel, de Maillot et de Bouguereau. — **H. C.** — S. A. F. — A Paris, boulevard Jules Sandeau, 3.

498 — *Un fin tireur.*

ROVEL (HENRI), né à Saint-Dié (Vosges), élève de M. Cormon. — **M. H.** — S. A. F. — A Boulogne-sur-Mer, rue Faidherbe, 101.

499 — *Les porphyres rouges du Trayas (Var).*

500 — *Ksibet et Médiouni ; — Tunisie.*

ROYER (HENRI), né à Nancy (Meurthe-et-Moselle), élève de MM. Jules Lefebvre et F. Flameng. — **H. C.** — S. A. F. — ☼ — A Paris, rue de Tilsitt, 18.

501 — *La Veuve ; — Plogoff.*

ROYER (Lionel), né à Château-du-Loir (Sarthe), élève de Cabanel et de Bouguereau. — **H. C.** — S. A. F. — A Paris, rue Méchain, 8.

502 — *" L'Empereur ".*

503 — *Le Marchand de Venise " Shakespeare ".*

ROYET (HYACINTHE), né à Avignon (Vaucluse). — A Paris, rue du Château-d'Eau, 44.

504 — *Convalescence.*

505 — *Paris ; — coucher de soleil sur la Seine.*

RUFFE (Léon-Henri), né à Paris, élève de l'Académie Colarossi.
— **M. H.** — S. A. F. — A. Paris, rue Cretet, 12.

506 — *Le port de Camaret ; — Finistère.*

507 — *" Exercice d'embarquement " Camaret ; — Finistère.*

S

SABATTÉ (Jérome-Guillaume-Fernand), né à Aiguillon (Lot-et-Garonne), élève de Gustave Moreau. — **H. C.** — S. A. F. — A Paris, rue Gros, 35.

508 — *Une église.*

509 — *Solitude.*

SAIN (Edouard), né à Cluny (Saône-et-Loire). — **S.** — S. N. — ✻ — A Paris, rue Taitbout, 80.

510 — *Les fillettes de l'Ouvrier.*

511 — *Petite maman.*

SAIN (Paul-Jean-Marie), né à Avignon (Vaucluse), élève de Guilbert d'Anelle et de Gérôme. — **H. C.** — S. A. F. — ✻ — A Paris, rue Boursault, 66.

512 — *Matin de Juillet ; sur les bords de la Sarthe à St-Céneri (Orne).*

513 — *Soirée d'automne en Normandie, La réserve du moulin de St-Céneri (Orne).*

SAINT (Mlle Louise), élève de MM. Jules Lefebvre et J. Geoffroy. — **M. H.** — S. A. F. — A Paris, rue d'Assas, 68.

514 — *Le chapeau fleuri.*

SAIN-DE-HERS (Mme Emilie), née à Nanterre (Seine), élève de son père et de M. Carolus-Duran. — A Paris, rue de Larochefoucauld.

515 — *Chemin du Stufagniaro ; — (Capri).*

516 — *Crépuscule Anacapri.*

SAINTPIERRE (Gaston-Pierre), né à Nimes (Gard), élève de Léon Cogniet et de Charles Jalabert. — **H.C.** — S.A.F. — O. ✻ — A Paris, avenue de Wagram, 35.

517 — *Au Rendez-vous (Souvenir des environs de Tlemcen, Algérie).*

518 — *Blonde ?*

SAUBES (Daniel), né à Guiche (Basses-Pyrénées), élève de M. Bonnat.— **H.C.**— S.A.F. — ✻ — A Paris, rue Cauchois, 15.

519 — *Pêches et noisettes.*

SAUZAY (Adrien), né à Paris, élève de A. Pasini. — **H. C.** — S.A.F. — A Andé, par Saint-Pierre-du-Vouvray (Eure).

520 — *Le vieux moulin d'Andé (Eure).*

SCHOMMER (François), né à Paris, élève de Pils et d'Henri Lehmann. — **H. C.** — S. A. F. — ☀ — A Neuilly-sur-Seine, boulevard Bineau, 83.

521 — *L'enfant à la toque.*

SEBILLEAU (Paul), né à Bordeaux (Gironde), élève de L.-.A. Auguin. — **H.C.** — S.A.F. — A Bordeaux, rue Duplessis, 14.

522 — *Harmonie d'automne ; — le matin.*

523 — *Après la pluie ; — dans les bois de La Brède (Gironde).*

SÉDILLOT (Mlle Anna), née à Paris, élève de M. J. Lefebvre. — **M. H.** — S.A.F. — A Paris, rue Martel, 4.

524 — *" Jeunesse ".*

525 — *" Loute ".*

SELMY (Eugène-Benjamin), né à Clermont-l'Hérault (Hérault), élève de MM. Bonnat, Léon Glaize et Albert Maignan. — **H.C.** — S.A.F. — A Paris, rue de la Grande-Chaumière, 14 bis.

526 — *" Une bonne tasse ".*

SIMONNET (Lucien), né à Paris, élève de G. Boulanger et de MM. Nozal et Jules Lefebvre. — **H. C.** — S. A. F. — A Sèvres (Seine-et-Oise), rue des Rouillis, 3.

527 — *Matinée de Novembre.*

528 — *Soleil couchant à St-Prest.*

SIMONS (J.-Frans), né à Anvers (Belgique), élève de l'Académie d'Anvers. — A Brasschaet-lez-Anvers (Belgique), Villa Simons.

529 — *Les vaches rouges.*

530 — *La drève.*

SMITH (Alfred), né à Bordeaux. — **S.** — S.N. — ☀ — A Paris, rue Dulong, 78 bis.

531 — *Bordeaux vu du Pont.*

532 — *Coin de Venise.*

SOROLLA Y BASTIDA (Joaquin), né à Valence (Espagne), élève de l'École des Beaux-Arts de Valence. — **H.C.** — S.A.F. — ☀ — A Madrid, Miguel Angel, 9.

533 — *Etudes.*

SOUZA-PINTO (José-Julio), né à l'Ile de Cerceira (Portugal), élève de Cabanel. — **H.C.** — S.A.F. — ☀ — A Neuilly-sur-Seine (Seine), villa Villiers, 5 ter.

534 — *La Baigneuse.*

535 — *En prairie.*

SURAND (Gustave), né à Paris, élève de M. J.-P. Laurens. — **H.C.** — S.A.F. — A Paris, rue Notre-Dame-des-Champs, 86.

536 — *Chevaux boulonnais en pâture.*

537 — *Tigre royal se léchant.*

SURÉDA (ANDRÉ), né à Versailles. — A.S.N. — A Paris, rue de Rome, 62.

538 — *Portrait de Madame D.*

539 — *Portrait de Loulou et Pierrot.*

T

TATTEGRAIN (FRANCIS), né à Péronne (Somme), élève de Crauk, de Lepic, de Boulanger et de M. Jules Lefebvre. — **H. C.** — S.A.F. — ☀ — A Paris, boulevard de Clichy, 12.

540 — *Les filets volés.*

541 — *L'ancien (Le vieux matelot).*

TAUPIN (JULES-CHARLES-CLÉMENT), né à Paris, élève de Benjamin Constant et de M. Jules Lefebvre. — **3 Méd.** — S.A.F. — A Paris, rue Bayen, 41.

542 — *Déserteur ramené par des Arabes; — Laghouat (Algérie).*

543 — *Une rue à contre-jour le matin; — Bou-Saada (Algérie).*

THIBAUDEAU (JULIEN), né à Breloux (Deux-Sèvres), élève de Gérôme et de Combe-Velluet. — **M.H.** — S.A.F. — A Paris, rue Notre-Dame-des-Champs, 85.

544 — *Au revoir !*

THIÉROT (feu HENRI), né à Reims (Marne), élève de Henri Lévy, Bramtot et de M. Jules Lefebvre. — **H. C.** — S. A. F. — A Paris, rue des Saints-Pères, 40.

545 — *Lisière de bois.*

546 — *Le soir.*

THIRION (EUGÉNE-ROMAIN), né à Paris. — **H. C.** — S. A. F. — ☀ — A Paris, boulevard de Clichy, 14.

547 — *Une quarantaine au Château d'If.*

THOMAS (ALBERT-VALENTIN), né à Paris, élève de MM. Albert Maignan et Jules Lefebvre. — **H.C.** — S. A. F. — A Paris, avenue Montaigne.

548 — *Le soir en Touraine.*

THOMAS (PAUL), né à Paris, élève de Boulanger et de M. Jules Lefebvre. — **H. C.** — S. A. F. — A Paris, rue de l'Abbaye, 6.

549 — *Le Couvert.*

THURNER (GABRIEL), né à Mulhouse (Alsace). — **H. C.** — S. A. F. — A Paris, rue des Volontaires, 14.

550 — *Les Crêpes en Bretagne.*

TOUDOUZE (EDOUARD), né à Paris, élève de Pils et de A. Leloir. — **H. C.** — S. A. F. — O. ☀ — A Paris, boulevard des Batignolles, 21.

551 — *Un tour de jardin.*

TRANCHANT (PIERRE), né à Paris, élève de M. J.-P Laurens.
— A Paris, rue Descartes, 42.

552 — *Après le travail.*

553 — *Inquiétude.*

TRIQUET (JULES-OCTAVE), né à Paris, élève de Bouguereau et
de M. Tony-Robert-Fleury. — **H. C.** — S. A. F. — A Paris,
boulevard Péreire, 110.

554 — *Jeune fille.*

TRUCHET (ABEL), né à Versailles. — **A.** — S. N. — A Paris,
rue Caroline, 4.

555 — *La Terrasse.*

556 — *La Rivière.*

V

VALLET-BISSON (Mme FRÉDÉRIQUE), née à Asnières (Seine),
élève de M. Jules Lefebvre. — **H. C.** — S. A. F. — A Paris,
boulevard Berthier, 47.

557 — *Portrait de Mme la Vicomtesse M......*

VAN DER OUDERAA (PIERRE-JEAN), élève de l'Académie
d'Anvers. — A Anvers (Belgique), avenue Plantin, 56.

558 — *De l'eau la plus pure.*

VAN-HOLLEBEKE (l'Abbé ALPHONSE-ANTOINE), né à
Beauvais (Oise). — **M. H.** — S. A. F. — Presbytère de Saint-
Paul (Oise).

559 — *Loisirs de presbytère ; — la pêche.*

560 — *Du même clocher.*

VAN-HOVE (EDMOND), né à Bruges, élève de Cabanel. — **M. H.**
— S. A. F. — A Gand (Belgique), rue Ledeganck, 31.

561 — *" Historia — Tempus — Legenda ".*

VAUTHIER (PIERRE-LOUIS), né à Pernambouc (Brésil), élève
de Maxime Lalanne. — **H. C.** — S. A. F. — ✳ — A Paris, avenue
Gourgaud, 7.

562 — *Le Quai de Javel ; — Chiffonniers.*

VAUTIER (ANDRÉ), né à Paris, élève de MM. Harpignies et
Jules Lefebvre. — A Paris, rue Furstemberg, 6.

563 — *Dans la montagne à Menton ; — Alpes-Maritimes.*

564 — *La route de Condun à Girammont; — Oise.*

VERGEAUD (ARMAND), né à Angoulême (Charente , élève de
Gustave Moreau et de MM. Flameng et Cormon. — **M. H.** —
S. A. F. — Boulevard Arago , 65.

565 — *La femme à l'Église.*

566 — *Marine.*

VILLAIN (Georges), élève de Benjamin-Constant et de M. Harpignies. — A Paris, rue d'Amsterdam, 77.

567 — *Laveuses à Étretat.*

568 — *L'Orage ; — Étretat.*

VILLAIN (Georges-Henri), né à Châteaudun (Eure-et-Loir), élève de M. Cormon. — **M. H.** — S. A. F. — A Paris, rue Cambacérès, 14. ◆

569 — *" La Ménagère ".*

570 — *" Geerbje " ; — ma petite amie Hollandaise.*

VOLLON (Alexis), né à Paris, élève de son père. — **H. C.** — S. A. F. — ✳ — A Paris, rue de Courcelles, 119.

571 — *Filles d'Armorique.*

W

WALHAIN (Charles-Albert), né à Paris, élève de MM. Bonnat et L. Glaize. — **3ᵉ Méd.** — S. A. F. — A Neuilly-sur-Seine (Seine), rue Perronet, 50.

572 — *" Les Épaves ".*

WALLET (Albert), né à Valenciennes (Nord), élève de Cabanel. — **H. C.** — S. A. F. — Rue des Batignolles, 34.

573 — *Le vieux pont sur l'Essonne.*

574 — *La Ravine.*

WEERTS (Jean-Joseph), né à Roubaix, élève de Mils et Cabanel. — **S.** — S. N. — O. ✳ — A Paris, rue d'Amsterdam, 77.

575 — *" France ".*

576 — *Portrait de M. Louis Legrand ; — Conseiller d'État.*

WEISZ (Adolphe), né à Bude (Hongrie), naturalisé Français, élève de Ch. Jalabert. — **H. C.** — S. A. F. — A Paris, place Pigalle, 11.

577 — *" Songeuse ".*

WILLAERT (Ferdinand). — **A.** — S. N. — A Gand, rue aux Draps, 7.

578 — *Ancien Canal à Gand " Bateaux à harengs ".*

579 — *Vie paisible " Béguinage flamand ".*

WILLETTE (Léon-Adolphe), né à Châlons-sur-Marne. — **S.** — S. N. — ✳. — A Paris, rue Lacroix.

580 — *" La Mort de Gavroche " ; — Épisode des Misérables de Victor-Hugo.*

WINTER (Pharaon de), né à Bailleul (Nord), élève de Cabanel et Jules Breton. — **H. C.** — S. A. F. — A Lille (Nord), rue de l'Entrepôt, 10.

581 — *Portrait de M. Delelis.*

582 — *Portrait de M. Ducro.*

Y

YARZ (Edmond), né à Toulouse (Haute-Garonne). — **H. C.** — S. A. F. — ✳. — A Toulouse, rue de la Trinité, 10.

583 — *Pleine lune d'Octobre ; — Provence.*

584 — *Pommiers en fleurs ; à St-Bertrand de Comminges.*

Z

ZIER (Edouard), né à Paris, élève de son père et de Gérôme. — **H. C.** — S. A. F. — A Paris, boulevard de Clichy, 67.

585 — *Hésitation.*

586 — *La Civilisation et la Vérité.*

ZO (Henri), né à Bayonne (Basses-Pyrénées), élève d'Achille Zo et de MM. Bonnat et Albert Maignan. — **H. C.** — S. A. F. — A Paris, rue Falguière, 9.

587 — *Le tueur de taureaux.*

ZWILLER (Marie-Augustin), né à Didenheim (Alsace), élève de Boulanger et de M. Jules Lefebvre. — **H. C.** — S. A. F. — A Neuilly-sur-Seine (Seine), Villa Mequillet, 31, et rue du Marché, 38 ter.

588 — *Rêverie.*

589 — *Jeune fille alsacienne.*

Dessins, Pastels, Aquarelles

A

ALLOUARD (Edmond), né à Paris, élève de Lechevalier-Chevignard. — **M. H.** — S. A. F. — A Paris, quai de Béthune, 16.

590 — *La rive fleurie ; — pastel.*

ARIÈS (Nel), né à Bordeaux (Gironde). — **M. H.** — S. A. F. — A Versailles (Seine-et Oise), boulevard du Roi, 9.

591 — *Le Canal à Venise ; — aquarelle.*

592 — *Guetaria ; — Espagne ; — aquarelle.*

AVY (Joseph-Marius), né à Marseille (Bouches-du-Rhône), élève de MM. Bonnat et Albert Maignan. — **H. C.** — S. A. F. — A Paris, rue Dutot, 3.

593 — *Femme au miroir ; — étude ; — dessin.*

B

BASCHET (Marcel), né à Gagny (Seine-et-Oise), élève de Boulanger et de M. Jules Lefebvre.— **H.C.** — S. A. F. — ✳ — A Paris, quai Voltaire, 17.

594 — *Jeune fille au chien ; — pastel.*

BESNARD (Paul-Albert), né à Paris. — **S.** — S. N. — C. ✳ A Paris, rue Guillaume-Tell, 17.

595 — *Tête d'Algérienne ; — pastel.*

BIVA (Lucien), élève de MM. Henri Biva et Tanzi. — A Paris, rue des Vinaigriers, 29.

596 — *Le Lac Léman ; — Vevey ; — (Suisse). — pastel.*

BORCHARD (Edmond), né à Bordeaux (Gironde), élève de Brandon, de Cabanel et de Van Marcke. — **H. C.** — S. A. F. — A Paris, place Pigalle, 11.

597 — *Gibier ; — aquarelle.*

598 — *Ramasseur de varechs ; — pastel.*

BOUCHOR (JOSEPH-FÉLIX), né à Paris, élève de Benjamin-Constant et M. Jules Lefebvre. — **H.C.** — S.A.F. — ✳ — A Paris, rue d'Assas, 70.

599 — *La maison de Maria ; — Freneuse ; — pastel.*

600 — *La greffe ; — Freneuse ; — pastel.*

BOURGONNIER - CLAUDE (Mme BERTHE), élève de Paul Delance. — A Paris, rue de la Pompe, 41.

601 — *Les modistes ; — pastel.*

602 — *Le Jardin ; — pastel.*

BRICTEUX - WEERTS (Mme GABRIELLE), née à Noisy-le-Grand (Seine-et-Oise), élève de J.J. Weerts. — A Paris, rue Caumartin, 60.

603 — *Les oignons ; — figure ; — pastel.*

BUFFIN (CARLOS), né à Tourcoing (Nord), élève de M. Henry Jacquet. — A Tourcoing (Nord), rue Saint-Jacques, 62.

604 — *Florine ; — dessin.*

C

CARRIER - BELLEUSE (PIERRE), né à Paris, élève de Cabanel et Galland. — **S.** — S. N. — ✳ — A Paris, boulevard Berthier, 31.

605 — *Une réussite ; — danseuses ; — pastel.*

CLAUDE (EUGÈNE), né à Toulouse (Haute-Garonne). — **H. C.** S. A. F. — A Paris, rue de Châteaudun, 90.

606 — *Les pommes cuites ; — pastel.*

CLAUDE (Mlle SUZANNE-CLAIRE), née à Versailles (Seine-et-Oise), élève de Mlle Bernard et de MM. Rivoire, Simon et Vignal.— A Paris, rue du Rocher, 47.

607 — *Boules de neige et poincettias ; — aquarelle.*

608 — *Iris ; — aquarelle.*

COUSIN (Mlle ADRIENNE) élève de MM^mes Thoret, Debillemont-Chardon et de MM. Penet, Meyer et Cabasson. — A Paris, rue Étienne-Marcel, 33.

609 — *Portrait de jeune femme ; — miniature.*

CROSNIER (JULES), élève de Barthélémy Meun. — **H.C.** — S. A. F.— A Genève (Suisse), place Edouard Claparède, 4.

610 — *A Bérisal ; route du Simplon ; — aquarelle.*

CUROT-BARBEREL (Mme MATHILDE), née à Paris.— **A.**— S. N.— A Paris, 45, avenue de Villiers.

611 — *Ophélia ; — pastel.*

D

DARIEN (Henry-Gaston), né à Paris, élève de MM. Jules Lefebvre et Guillemet.— **H. C.**— S. A. F.— A Paris, boulevard St-
Michel, 113.

612 — *Glaneuse ; — pastel.*

613 — *Marine ; — pastel.*

DAVE (Daniel).— A Halluin (Nord).

614 — *L'enfant retrouvé (gravé dans le magasin pittoresque) ; —
aquarelle.*

615 — *La visite à la veuve ; — aquarelle.*

DEBON (Edmond), élève de Henner et de M. Carolus Duran. —
H.C.— S.A.F.— A Paris, rue Caulaincourt, 65, et chez M. Haro,
rue Visconti, 14.

616 — *On voit le Mont St-Michel ; — aquarelle.*

DELACROIX-GARNIER (Mme Pauline), née à Paris,
élève de Jules Garnier et de M. Henry Delacroix.— **M.H.**— S.A.F.
— A Paris, rue de Douai, 22.

617 — *Jeune servante ; — aquarelle.*

DELÉCLUSE (Auguste), né à Roubaix (Nord), élève de M. Carolus Duran.— **A.** — S. N. — A Paris, rue Notre-Dame-des-
Champs, 84.

618 — *L'étang du Boshan ; Angleterre ; — aquarelle.*

619 — *La mare de Berneval ; Normandie ; — Aquarelle.*

DESPLANQUES (Alfred), né à Tourcoing (Nord), élève de
MM. J.J. Weerts et Carolus Duran.— A Tourcoing (Nord), rue du
Haze, 104.

620 — *L'horloger ; — dessin à la plume.*

DEULLY (Eugène-Auguste-François), né à Lille (Nord), élève
de Gérôme, Auguste Glaize et de M. Léon Glaize.— **H. C.**— S. A. F.
— A Paris, Villa Rubens, Impasse du Maine, 9.

621 — *L'Oiseau perdu ; — dessin à la sanguine.*

E

ELIOT (Maurice), né à Paris, élève de Cabanel.— **S.** — S. N. —
A Paris, boulevard de Clichy, 37.

622 — *Les coquelicots dans l'avoine ; — pastel.*

623 — *Pommiers en fleurs ; pastel.*

F

FAUX-FROIDURE (Mme EUGÉNIE), née à Noyen-sur-Sarthe (Sarthe), élève de MM. Albert Maignan, Saintpierre et Quost. — **H. C.** — S. A. F. — A Paris, Villa Niel, 4.

624 — *Bibelots et Chrysanthêmes ; — aquarelle.*

625 — *Brouette d'hortentias.*

FELIU (MANEL.), né à Barcelone. — A. S. N. — A Paris, rue Damrémont, 27.

626 — *Deshérités ; — fusain.*

627 — *Sourire ; — fusain.*

FONTAN (EDMOND), à Bordeaux, rue d'Arcachon, 21.

628 — *Sous bois d'hiver à Pessac ; — aquarelle.*

629 — *Intérieur de cuisine à La Brède ; aquarelle.*

FOUCHER (LUC-ANATOLE), né à Melle (Deux-Sèvres), élève de Benjamin-Constant, et de M. A. de Richemont. — A Paris, rue Saint-Placide, 25.

630 — *Le forgeron de Village ; — miniature.*

631 — *Le Sabbat ou l'Évocation (scène du sabbat) ; — miniature.*

FRAIPONT (GUSTAVE), né à Bruxelles, élève d'Hendrickx et de Hem. — **H. C.** — S. A. F. — ✳. — A Paris, rue de Vaugirard, 95.

632 — *Un soir en Bretagne (Finistère) ; — aquarelle.*

G

GALLIEN (Mlle LOUISE), née à Paris, élève de MM. Jules Lefebvre et Tony Robert-Fleury. — A Paris, boulevard Barbès, 59.

633 — *Romaine ; — miniature.*

634 — *Liseuse ; — miniature.*

GEOFFROY (JEAN), né à Marennes (Charente-Inférieure), élève de Eugène Adan et de M. E. Levasseur. — **H. C.** — S. A. F. — ✳. — A Paris, rue des Lilas, 7.

635 — *La galette des Rois ; — aquarelle.*

636 — *Le chemin de l'Église ; — aquarelle.*

GILLOT (E. LOUIS), né à Paris. — **S.** — S. N. — A Paris, rue Notre-Dame-des-Champs, 86.

637 — *Notre-Dame de Paris ; — pastel.*

638 — *La rue Dauphine à Paris ; — pastel.*

GIRARD (ALBERT), né à Paris, élève de son père. — **H. C.** — S. A. F. — ☀. — A Paris, rue de Courcelles, 69.

639 — *Faisans ; — aquarelle.*

GIRARDOT (GEORGES-MARIE-JULIEN), né à Besançon (Doubs), élève de M. Albert Maignan. — **3° Méd.** — S.A.F. — A Paris, rue Cardinet, 48.

640 — *Le galant éconduit ; — aquarelle.*

641 — *Vieille maison, vieilles gens ; aquarelle.*

GROSJEAN (HENRY), né à Gondrecourt (Meuse), élève de MM. Jules Lefebvre et Tony Robert-Fleury. — **H. C.** — S. A. F. — A Neuilly-sur-Seine, rue Jacques-Dulud, 71.

642 — *Dernières feuilles ; — St-Cloud ; — pastel.*

GRUYER (Mlle GABRIELLE), née à Paris, élève de MM. Pelez et Rivoire. — A Paris, rue Nollet, 61.

643 — *Philoden en fleur ; — aquarelle.*

644 — *Geranium rose ; — aquarelle.*

GUILLAUME (ALBERT), né à Paris, élève de Gérôme et de M. Chartran. — **S.** — S. N. — ☀. — A Paris, rue Jean-Bart, 3.

645 — *Au temps de Gavarni : — aquarelle.*

GUINIER (HENRI), né à Paris, élève de Benjamin-Constant et de M. Jules Lefebvre. — **H. C.** — S. A. F. — A Neuilly-sur-Seine, avenue de Neuilly, 61.

646 — *Petite fille des environs de Vannes ; — aquarelle.*

H

HIS (RENÉ-CHARLES-EDMOND), né à Colombes (Seine), élève de MM. Jules Lefebvre et Tony Robert-Fleury. — A Paris, rue Véron, 24.

647 — *Le Serein (Yonne) ; — aquarelle.*

HOUBRON (FRÉDÉRIC). — A Conflans-St-Honorine (Seine-et-Oise), rue Pasteur, 10.

648 — *Osmoy ; — aquarelle.*

J

JIMENEZ (LUIS), né à Séville (Espagne), élève de l'École des Beaux-Arts de Séville. — **H. C.** — S. A. F. — ☀. — A Pontoise (Seine-et-Oise), rue Croix-du-Bourg, 6.

649 — *Petite Sévillane ; — aquarelle.*

L

LAFORGE (Mme MARIE), née à Pont-Charra (Isère), élève de
Mme Debillemont-Chardon et de MM. Jules Lefebvre, Tony Robert-
Fleury, Baschet, Schommer et Henri Royer. — **3e Méd.** — S. A. F.
— A Paris, rue de Penthièvre, 9.

650 — *La leçon de lecture ; — miniature.*

651 — *Une vitrine contenant quatre miniatures :*
Rosine ; — portrait de Melle L. ; — portrait de Melle V. ; —
portrait de Mr Roger S.S.

LALAUZE (ALPHONSE), né à Paris, élève de M. Detaille. —
3e Méd. — S.A.F. — A Paris, quai de Béthune, 24.

652 — *Le général Brune en Hollande (1799) ; — aquarelle.*

653 — *" Suspecte " (1794) ; — aquarelle.*

LARD (FRANÇOIS-MAURICE), né à Paris, élève de Boulanger et de
M. Hébert. — **H. C.** — S. A. F. — A Paris, rue Gabrielle, 41.

654 — *Chauffeuse ; — (1905) ; — pastel.*

655 — *Retour du bal masqué ; — pastel.*

LAUGÉE (GEORGES), né à Montivilliers (Seine-Inférieure), élève
de son père, de Pils et de Lehmann. — **H. C.** — S. A. F. — A
Paris, boulevard Flandrin, 20.

656 — *Le champ de blé ; — dessin rehaussé d'aquarelle.*

LECHAT (ALBERT-EUGÈNE), né à Lille (Nord). — **A.** — S. N.
— A Paris, rue Scheffer, 51.

657 — *Montreuil-sur-Mer ; — gouache.*

658 — *La boutique du brocanteur ; — gouache.*

LE GOUT-GÉRARD (FERNAND-MARIE-EUGÈNE). — **S.** —
S. N. — ✳ — A Paris, rue Ampère, 93.

659 — *Le passeur ; — pastel.*

660 — *Une rue à Middelbourg (Hollande) ; — pastel.*

LEMAIRE (Mme MADELEINE), élève de Chaplin. — **S.** — S. N.
— ✳ — A Paris, rue de Monceau, 31.

661 — *Fleurs et fruits ; — pastel.*

662 — *Roses (rayon d'or) ; aquarelle.*

LE ROY D'ETIOLLES (Mme HELEN). — **3e Méd.** —
S. A. F. — A Paris, avenue Wagram, 136.

663 — *La Jardinière ; — gouache.*

664 — *Petite Hollandaise ; — pastel.*

LOIR (LUIGI), né à Goritz (Autriche), de parents français, élève de
l'Ecole des Beaux-Arts de Parme. — **H. C.** — S. A. F. — ✳. —
A Paris, rue de Turbigo, 89.

665 — *Les boulevards extérieurs (effet de neige) ; — aquarelle.*

M

MANCEAUX (Antonin-Louis), né à Calvi (Corse), élève de Cabanel, de Delaunay, de G. Moreau et de M. Maillart. — **M. H.** — S. A. F. — A Beauvais (Oise), rue Achille-Sirouy, 2.

666 — *La distribution du pain aux pauvres de Beauvais;* — *pastel.*

MARCHÉ (Ernest), né à Nemours (Seine-et-Marne), élève de MM. Jules Lefebvre et Tony Robert-Fleury. — **H. C.** — S. A. F. — A Paris, boulevard Richard-Lenoir, 109.

667 — *Le pont de Glandelles;* — *pastel.*

MAXENCE (Edgard), né à Nantes (Loire-Inférieure), élève de Delaunay et Gustave Moreau. — **H. C.** — S. A. F. — ☼. — A Paris, rue de Vaugirard, 71 *bis.*

668 — *Tête de jeune fille;* — *sanguine.*

MIRMONT (Mme Renée de). — A Paris, boulevard de Courcelles, 8.

669 — *Portrait;* — *miniature.*

670 — *Etude;* — *miniature.*

MIZARD (Maurice-Edouard), élève de Ginain et de l'Ecole Nationale des Beaux-Arts de Paris. — **M. H.** — S. A. F. — A Paris, rue des Ternes, 8.

671 — *Façade de l'Église Sainte-Croix à Bordeaux.*

MONTHOLON (François de), né à Paris, élève de E. Dardoize, de G. Boulanger et de M. Jules Lefebvre. — **3me Méd.** — S.A.F. — A Paris, rue des Martyrs, 20.

672 — *Le Soir (bord du Lot);* — *pastel.*

MORLON (Antoine - Paul - Emile). — **H. C.** — S. A. F. — A Paris, rue de Tournon, 16.

673 — *Le batelage au Tréport;* — *pastel.*

MOTELEY (Georges-Jules), né à Caen (Calvados), élève de M. Jules Lefebvre et Guay. — **H. C.** — S. A. F. — A Paris, rue Tourlaque, 22.

674 — *Le matin (Anse de Saint-Martin, Manche);* — *pastel.*

MOUJON-GAUVIN (Mme Eugénie), née à Pontoise (Seine-et-Oise), élève de MM. Delance, Saintpierre, Luigi-Loir et Ten-Cate. — A Paris, faubourg du Temple, 4.

675 — *Ferme à Paimpol;* — *pastel.*

MOUREN (Henry), né à Marseille (Bouches-du-Rhône), élève de M. Harpignies. — **3me Méd.** — S. A. F. — A Paris, rue de Sèvres, 31.

676 — *Au lever du soleil sur les coteaux de Septemes (Provence);* — *aquarelle.*

677 — *Pont de Ruau (Indre-et-Loire);* — *aquarelle.*

N

NOZAL (ALEXANDRE), né à Paris, élève de Luminais. — **H. C.** —
S. A. F. — ✳ — A Paris, quai de Passy, 7.

678 — *Étang de Saint-Cucufa (Seine-et-Oise) ; — pastel.*

P

PANNEMAKER (STÉPHANE), élève de son père. — **H. C.** —
S. A. F. — ✳ — A Paris, place des Vosges, 20.

679 — *Portrait de Victor-Hugo ; — dessin.*

PETIT (LOUIS), élève de Mongniot et de M. Dameron. — **M. H.**
— S. A. F. — A Paris, rue Notre-Dame-des-Champs, 117.

680 — *La Seine au pont des Saints-Pères ; — pastel.*

POINT (ARMAND), né à Alger. — **A.** — S. N. — A Paris, rue
Notre-Dame-des-Champs, 56.

681 — *Baigneuse ; — pastel.*

682 — *L'Aube ; — pastel.*

PRÉVOT-VALÉRI (AUGUSTE), né à Villeneuve-sur-Yonne
(Yonne), élève de MM. Jules Lefebvre et Guillemet. — **H. C.** —
S. A. F. — A Paris, rue Aumont-Thiéville, 6.

683 — *Retour des champs ; — gouache.*

PROUVOST (Mlle CAMILLE), née à Roubaix (Nord), élève de
Mme Vallet-Bisson. — A Douai, rue d'Aniche, 10.

684 — *Hésitation ; — pastel.*

685 — *Fin d'intrigue ; — pastel.*

R

RALLI (THÉODORE), né en Grèce, élève de Gérôme. — **H. C.** —
S. A. F. — ✳. — A Paris, rue Aumont-Thiéville, 6.

686 — *Le tambourin ; — aquarelle.*

RENOUARD (PAUL), né à Cour-Cheverny près Blois. — **S.** —
S. N. — ✳. — A Paris, rue de l'Arbre-Sec, 46.

687 — *Cinq cadres :*
Notre grand cuisinier national M. Driessens faisant son cours ;
— dessins.

RICHIR (HERMAN), né à Ixelles-Bruxelles, élève de MM. Biot et
Hermans. — **A.** — S. N. — A Bruxelles, rue de la Consolation,
104.

688 — *Portrait de Mme H. R. ; — pastel.*

RIGOLOT (Albert-Gabriel), né à Paris, élève de Pelouse.—
H. C. — S. A. F. — ✳. — A Paris, avenue d'Eylau, 35.

689 — *La Madone de la Lagune (Environ de Venise) ; — pastel.*

690 — *Nuit claire à Venise ; — pastel.*

ROLARD (François-Laurent), né à Paris, élève de Jouffroy et
de M. Crauk.— **H. C.** — S. A. F. — A Paris, rue Dareau, 89.

691 — *Vue de la Croix l'Abbé (St-Valéry) ; — pastel.*

ROULLET (Gaston), né à Ars, Ile-de-Ré (Charente-Inférieure).—
H. C. — S. A. F. — ✳. — A Paris, rue de Lille, 34.

692 — *L'Heure de l'embarquement pour Trieste (Port de Venise) ;
— aquarelle.*

693 — *Soleil couchant sur les Lagunes (Venise) ; — aquarelle.*

S

SAILLY (Mlle Jehanne-Laure-Lucie), née à Beauvais (Oise),
élève de MM. Tony Robert-Fleury, Jules Lefebvre, F. Humbert et
Emile Adan. — A Paris, avenue de Clichy, 127.

694 — *Floréal ; pastel.*

695 — *Souvenir tendre ; miniature.*

696 — *Une vitrine : — Trois miniatures.*

SAIN (Edouard), né à Cluny (Saône-et-Loire), élève de Picot et de
l'Académie de Valenciennes. — **S.** — S. N. — ✳. — A Paris, rue
Taitbout, 80.

697 — *La Rousotte : — pastel.*

698 — *Superbia ; — pastel.*

SURAND (Gustave), né à Paris, élève de M. J.-P.-Laurens. —
H. C. — S. A. F. — A Paris, rue Notre-Dame des Champs, 86.

699 — *Eléphant d'Afrique ; — aquarelle.*

700 — *Lion rugissant au clair de lune ; — aquarelle.*

SURÉDA (André), né à Versailles. — **A.** — S. N. — A Paris,
rue de Rome, 62.

701 — *Pont à Malines (Belgique) ; — aquarelle.*

702 — *Barques flamandes à Malines (Belgique) ; — aquarelle.*

T

TENRÉ (Henry), né à Saint-Germain-en-Laye (Seine-et-Oise),
élève de Edmond Yon et de M. Jules Lefebvre. — **3e Méd.** —
S. A. F. — ✳. — A Paris, rue de Villejust, 36.

703 — *Le rouge aux lèvres ; — dessin.*

704 — *Après le déjeuner ; — aquarelle.*

TRIQUET (Jules-Octave), né à Paris, élève de Bouguereau et M. Tony Robert-Fleury. — **H. C.** — S. A. F. — A Paris, boulevard Pereire, 110.

705 — *Rêverie ; — pastel.*

U

UYTTERSCHAUT (Victor), élève de Paul Lauters. — A Bruxelles, rue de la Grosse-Tour, 16.

706 — *Cerisiers en fleurs ; — aquarelle.*

707 — *Maisonnette dans les dunes ; — aquarelle.*

V

VALLET-BISSON (Mme Frédérique), née à Asnières (Seine), élève de M. Jules Lefebvre. — **H. C.** — S. A. F. — A Paris, boulevard Berthier, 47.

708 — *" Lisette " ; — pastel.*

VILLAIN (Georges), né à Paris, élève de M. Harpignies. — **M. H.** — S. A. F. — A Paris, rue d'Amsterdam, 77.

709 — *Roses blanches ; — aquarelle.*

710 — *Le Soir ; — paysage (Etretat) ; — aquarelle.*

VAN-HOVE (Edmond), élève de Cabanel. — **M. H.** — S. A. F. — A Gand, rue Ledeganck, 31.

711 — *Un savant ; — dessin.*

712 — *Un ciseleur ; — dessin.*

VAN-MOÉ (Mlle Cécile), élève de MM. Sinibaldi, V. Lhomme, et E. Boutry. — A Lille, rue de Paris, 219.

713 — *Jeune pâtre ; — pastel.*

W

WALLON (Paul A. J.), né à Paris, élève de M. H. Harpignies. — **H. C.** — S. A. F. — A Paris, rue de Lille, 1.

714 — *Un cadre :*
Les ruines de la Cour des Comptes ; — aquarelles.

715 — *Un cadre :*
Etudes diverses à Fontainebleau. — Versailles, — Chaville. — Sur la côte Normande.— Les petites Dalles (Seine-Inférieure). — La mare aux fées (Fontainebleau).— Les Moyettes. — Cour de ferme.— Versailles.— Marlotte.— Versailles.— Gros temps. — Chaville.— Chaumière et blés mûrs.— Chardons.— Meules. — Trèfles en fleurs.

WHIDOFF (D. O.), A Paris, rue Tourlaque, 22.

716 — *Portrait de Mme A. P. ; dessin.*

717 — *Portrait de M. E. D. ; — dessin.*

SCULPTURE

A

ALLOUARD (Henri), né à Paris, élève de Lequesne et de Schœnewerck. — **H. C.** — S. A. F. — ✳ — A Paris, rue Vavin, 28 *bis*.

718 — *Lutinerie ; — groupe, bronze.*

719 — *Jeux d'enfants ; — plaquette ivoire.*

B

BAFFIER (Jean), né à Neuvy-le-Barrois (Cher), élève de l'Ecole des Arts de Sèvres et de l'Ecole Nationale des Arts décoratifs de Paris. — **S.** — S. N. — ✳ — A Paris, rue Lebouis, 6 *bis*.

720 — *La femme au gui ; — buste marbre blanc, socle en fleurs de pêcher.*

BERTRAND-BOUTÉE (René), né à Maubeuge (Nord), élève de Barrias et de M. Coutan. — **3ᵐᵉ Méd.** — S. A. F. — A Paris, rue Damrémont, 52.

721 — *Portrait de M. Valbel ; statuette bronze.*

722 — *Première traîne ; — statuette bronze.*

BLONDAT (Max), né à Crain (Yonne), élève de Thomas et de MM. Mathurin Moreau et Valton. — **H. C.** — S. A. F. — A Paris, rue Mornay, 6.

723 — *" Le Compliment " ; — statuette marbre.*

724 — *" Jeunesse " ; — coupe bronze.*

BOISSEAU (Emile-André), né à Varzy (Nièvre), élève de Dumont et de Bonnassieux. — **H. C.** — S. A. F. — O. ✳ — A Paris, rue des Volontaires, 16.

725 — *Les Deux Minets ; — groupe marbre.*

C

CARABIN (François-Rupert), élève de Perrin. — **S.** — S. N. — ✳ — A Paris, rue Turgot, 22.

726 — *Le mirage (pièce unique) ; — bois sculpté et argent.*

727 — *La limace (pièce unique) ; — bois sculpté.*

CARLÈS (Antonin), né à Gimont (Gers), élève de Jouffroy et de Hiolle. — **H. C.** — S. A. F. — ✳ — A Paris, avenue de la Grande-Armée, 24.

728 — " *Fleur des Champs* " ; — *buste marbre.*

729 — *Au champ d'Honneur ;* — *buste bronze.*

CARLIER (Émile-Joseph-Nestor), né à Cambrai (Nord), élève de Jouffroy, de Cavelier et de Chapu. — **H. C.** — S. A. F. — ✳ — — A Paris, rue du Regard, 6.

730 — *Gilliatt aux prises avec la pieuvre :* — " *Travailleurs de la mer* ". — *bronze.*

731 — *Baigneuse (épreuve d'un seul jet) ;* — *bronze.*

CARRIER - BELLEUSE (Louis). — **M. H.** — S. A. F. — ✳ — A Paris, rue de La Tour d'Auvergne, 15.

732 — *Cléopâtre ;* — *statuette, marbre.*

733 — *Eurydice ;* — *statuette, marbre.*

CHAMPEIL (Jean-Baptiste-Antoine), né à Paris, élève de Charles Gauthier et de Jules Thomas. — **H. C.** — S. A. F. — A Paris, rue de Longchamp, 65.

734 — *Muse Exilée ;* — *haut-relief, marbre.*

735 — " *Coquette* " ; — *statuette, marbre.*

CHARLIER (Guillaume), élève de Cavelier et de l'Académie de Bruxelles. — A Bruxelles, avenue de Cortenberg, 35.

736 — *Jeune fille ;* — *buste, marbre.*

737 — *Panda ;* — *buste, bronze.*

COUTAN-MONTORGUEIL (Mme Laure), née à Dun-sur-Auron (Cher), élève de M. Alfred Boucher.— **M. H.** — S. A. F. — A Paris, rue Victor-Massé, 31 *bis.*

738 — *Rêverie ;* — *buste, marbre.*

739 — *Printemps ;* — *statuette, bronze.*

D

DESCAT (Mme Henriette), née à Carnières (Nord).— **M. H.** — S. A. F. — A Paris, Villa Spontini, 5.

740 — *Romanza ;* — *buste, terre cuite.*

741 — " *Virgo consolatrix* " ; — *terre cuite.*

DUBOIS (Ernest), né à Dieppe (Seine-Inférieure), élève de Chapu, de Falguière et de MM. Mercié et Chaplain. — **H. C.** — S. A. F. — ✳.— A Paris, rue Mansart, 15.

742 — " *Le Pardon* " ; — *buste, bronze.*

E

ENGRAND (GEORGES), élève de Cavelier et Tony-Noel. —
2ᵉ Méd. — S.A.F. — A Tourcoing, rue de l'Est, 12.

743 — *Portrait de femme ; — bas-relief, plâtre.*

744 — *Mélancolie ; — buste, bronze.*

F

FAGEL (LÉON), né à Valenciennes. — **S.** — S. N. — O. ✻. —
A Paris, rue Caulaincourt, 11.

745 — *Portrait de Mabuse ; — célèbre peintre flamand.*

FONTAINE (EMMANUEL.), né à Abbeville (Somme), élève de
Falguière, Louis Noël et de M. Mercié. — **H. C.** — S. A. F. —
A Paris, rue de Vaugirard, 107.

746 — *Portrait d'Emmanuel Bourgeois ; — poète Picard, buste,
bronze.*

G

GALLAUD (Mˡˡᵉ MARIE), née à Paris. — A Neuilly-sur-Seine
(Seine), avenue de Neuilly, 136 *bis.*

747 — *Vieillesse qui souffre ; — plâtre pétrifié.*

GARDET (GEORGES), né à Paris, élève de A. Millet et de
M. Frémiet. — **H. C.** — S. A. F. — O. ✻. — A Paris, rue
Boileau, 38.

748 — *Ours ; — marbre.*

749 — *Panthère dévorant un agneau ; — bronze à cire perdue.*

GOSSIN (LOUIS), né à Paris, élève de M. Mathurin Moreau. —
H. C. — S. A. F. — A Paris, rue de Romainville, 52.

750 — *Joueur d'osselets : — bronze.*

H

HERCULE (BENOIT-LUCIEN), né à Toulon (Var), élève de
Jouffroy. — **H. C.** — S. A. F. — A Paris, rue de l'Assomption,
80.

751 — *Naïade se mirant dans une source ; — statuette, marbre.*

752 — *L'aurore ; — statuette marbre.*

I

ISELIN (Georges), né à Clairegoutte (Haute-Saône), élève de
MM. A. Mercié et Hector Lemaire. — **M. H.** — S. A. F. —
A Paris, rue Humblod, 25.

753 — *Le Maréchal ferrant ; — statuette, bois.*

754 — *Le Sabotier ; — statuette, bois.*

J

JOIRE (Jean), né à Lille (Nord). — A Lille, boulevard de la
Liberté, 135.

755 — *La Peur ! ; — chevaux, plâtre.*

756 — *Tom ; — chien de berger belge, bronze.*

L

LAOUST (André), né à Douai (Nord), élève de Jouffroy. —
3ᵉ Méd. — S. A. F. — A Roubaix (Nord), rue Soubise, 109,
et à Paris, cité Canrobert, 15.

757 — *Menuet ; — bronze.*

758 — *Le blé ; — statuette, marbre.*

Manon ; — marbre.

LAPORTE-BLAIRSY (Léo), né à Toulouse (Haute-Garonne)
élève de Falguière et de M. Mercié. — **H. C.** — S. A. F. —
✿ — A Paris, rue Boileau, 52.

759 — *Les rameaux.*

LAURENT (Mˡˡᵉ Blanche), née à Paris, élève de M. Denys
Puech. — **M. H.** — S. A. F. — A Paris, rue du Faubourg-Saint-
Honoré, 233.

760 — *Fleur des tropiques ; — buste terre patinée et émaux.*

761 — *Devant Guignol ; — terre cuite patinée.*

LECOURTIER (Prosper), né à Grémilly (Meuse), élève de
M. Frémiet. — **H. C.** — S. A. F. — A Paris, boulevard Arago,
71.

762 — *Chien de guerre mort à l'ennemi ; — plâtre.*

LEFEBVRE (Hippolyte), né à Lille (Nord), élève de Cavelier,
de Barrias et de Coutan. — **H. C.** — S. A. F. — ✿. — A Paris,
rue du Cherche-Midi, 112.

763 — *L'Été ; — plâtre.*

764 — *L'Été ; — biscuit de Sèvres.*

765 — *Le Pardon ; — bronze.*

LEVASSEUR (Henri-Louis), né à Paris, élève de Dumont, de Thomas et de Delaplanche. — **H. C.** — S. A. F. — A Paris, villa d'Alésia, 37.

766 — *L'Amour vainqueur ; — bronze doré.*

767 — *Sur la plage ; — bronze doré.*

LOISEAU - ROUSSEAU (Paul-Louis-Emile), élève de M. Th. Barrau. — **H. C.** — S. A. F. — ✻ — A Paris, rue Notre-Dame-des-Champs, 28.

768 — *" Béatrice " ; — buste bronze doré et marbre.*

769 — *Esclave ; — statuette bronze doré.*

M

MARIOTON (Claudius), né à Paris, élève de Dumont, de J.-G. Thomas et de M. Levasseur. — **H. C.** — S. A. F.— ✻ — A Paris, rue Riblette, 23.

770 — *Arbalétrier ; XVe siècle ; — statuette bronze doré et marbre ciselée par l'auteur.*

771 — *Pastorale ; — statuette bronze ciselée par l'auteur.*

MARQUESTE (Laurent-Honoré), membre de l'Institut, élève de Jouffroy et de Falguière.— **H.C.** — S.A.F. — C. ✻ —A Paris, rue Poncelet, 19.

772 — *Le Printemps ; — statuette marbre.*

773 — *Eve ; — buste bronze.*

MENGIN (Paul-Eugène), élève de Dumont et d'Aimé Millet. — **3me Méd**. — S. A. F. — A Paris, rue Dutot, 36.

774 — *Faneuse ; — statuette bronze.*

MENGUE (Jean-Marie), né à Bagnères - de - Luchon (Haute-Garonne). — **H. C.** — S. A. F. — A Paris, rue de Vaugirard, 91.

775 — *Rieuse ; — buste marbre.*

MICHEL (Gustave), né à Paris, élève de Jouffroy. — **H. C.** — S. A. F. — O. ✻ — A Paris, rue La Fontaine, 57.

776 — *La forme se dégageant de la matière ; — statuette marbre.*

O

OGÉ (Pierre-Marie-François), né à Saint-Brieuc (Côtes-du-Nord), élève de Carpeaux, de son père et de Eude. — **M. H.** — S. A. F.— A Paris, rue Falguière, 38.

777 — *Portrait de Merlin de Douai ; — buste plâtre.*

P

PARIS (Auguste), né à Paris-Belleville, élève de Jouffroy, Falguière et Doublemard. — **H. C.** — S. A. F. — ✳ — A Paris, avenue d'Orléans, 122.

778 — *Jour de Fête ; — groupe marbre.*

PHILIPPART (Mme Odile), née au Hâvre (Seine-Inférieure), élève de M. J.-B. Champeil. — **M. H.** — S. A. F. — A Paris, rue Scheffer, 22.

779 — *" Devant la mer ; — statue plâtre.*

780 — *Ingénuité ; — buste, plâtre patiné.*

PUECH (Denys), membre de l'Institut, né à Gavernac (Aveyron), élève de Jouffroy, de Chapu et de Falguière. — **H. C.** — S. A. F. — O. ✳ — A Paris, rue du Faubourg-Saint-Honoré, 233 *bis.*

781 — *Portrait de M. Alfred Motte : buste plâtre.*

782 — *" La Seine " ; — haut relief, marbre.*

ROLARD (François-Laurent), né à Paris, élève de Jouffroy et de M. Crauk. — **H. C.** — S. A. F. — A Paris, rue Dareau, 89.

783 — *Corps-à-Corps ; — duellistes ; — groupe, marbre blanc.*

S

SERRUYS (Mlle Yvonne), née à Menin (Belgique). — A Paris, rue de Bagneux, 3 *bis.*

784 — *Les enfants et le Faune ; — bronze.*

785 — *La femme qui écoute ; — bronze.*

V

VILLENEUVE (Jacques-Louis-Robert), né à Bassan (Hérault). **H. C.** — S. A. F. — A Paris, avenue de Saxe, 59.

786 — *" La Vigne " ; — statuette, marbre.*

787 — *Le Char du Travail ; — esquisse, terre cuite.*

VIRION (Charles-Louis-Eugène), né à Ajaccio (Corse), élève de P. Aubé et de Ch. Gauthier. — **3e Méd.** — S. A. F. — A Montigny-sur-Loing (Seine-et-Marne).

788 — *Jeunes chats ; — groupe, marbre.*

VITAL-CORNU, (CHARLES), né à Paris, élève de Pils et Jouffroy. — **H. C.** — S. A. F. — ☀. — A Paris, rue Hégésippe-Moreau, 15.

789 — *Consolation humaine ; — groupe, bronze cire perdue.*

W

WARD (HERBERT), né à Londres (Angleterre), élève de MM. Tony, Robert-Fleury et Jules Lefebvre.— **M. H.** — S. A. F. — A Paris, rue d'Amsterdam, 77.

790 — *Type de femme d'Afrique centrale.*

791 — *Type d'Aruini ; — Souvenir de voyage (expédition Stanley).*

GRAVURE
EN MÉDAILLES ET SUR PIERRES FINES

D

DESCHAMPS (Léon), né à Paris, élève de Dumont, de Thomas, de Delhomme et de M. Hippolyte Moreau. — **H. C.** — S. A. F. — A Paris, rue de la Tombe-Issoire, 83.

792 — *Un cadre contenant* .

> Portraits de vieillards. — Général et Mme Audemard d'Alençon. — Jean Fouquet. — Henri Estienne. — Frayssinet. — Jean Guttenberg. — Insigne des Conseillers municipaux de Paris. — Médaille des Députés. — Science. — Vérité. — La ville de Paris créant l'École Estienne. — M. Émile Combes, ancien Président du Conseil des Ministres. — '' Lys ''. — La Pensée. — M. Hersent. — Le Rêve. — Robert Estienne. — Portrait d'enfant. — Portrait de feu Massen, professeur. — La Presse, revers de la médaille de Guttenberg. — (Insignes, médailles, plaquettes, or, vermeil, argent et bronze).

G

GAULARD (Émile-Félix), né à Paris, élève de Salvatelli. — **H. C.** — S. A. F. — A Melun (Seine-et-Marne), rue Crévoulin, 15.

793 — *Une vitrine contenant* .

> 1° Hébé camée sur sardoine à trois couches ;
> 2° Le Drapeau camée sur sardoine à cinq couches ;
> 3° Tête de chat sur pierre de lune ;
> 4° Hibou dans un tronc d'arbre en minerai d'opale.

GRANGER (Mlle Geneviève), née à Tulle (Corrèze), élève de Massoulle et de M. Henri Dubois. — **3me Méd.** — S. A. F. — A Paris, rue Denfert-Rochereau, 22.

794 — *Un cadre contenant* :

> Une médaille argent et 8 plaquettes, et médailles bronze.

L

LE DOUBLE (Frédéric-Auguste-Marie-Amée), né à Grégy (Seine-et-Marne), élève de MM. Georges Lemaire et Georges Tonnelier. — **3e Méd.** — S. A. F. — A Paris, rue Soufflet, 9.

795 — *Un cadre contenant* :

> 1. Prière de l'enfant ; — réduction d'après plâtre. — 2. Chapiteau à contours, figure et ornements (au centre, supplique et

sérénade au satyre) : — acier gravé directement sur pièce. —
3. Cachet intaille ; — acier cariatide gravé sur le métal directement, épreuve cire. — 4. Portrait de Mlle L. de S... ; — cire
perdue, légèrement retouché. — 5. Portrait de M. X..., gravé
directement sur cuivre et argenté. — 6. Médaille : tête de République : — gravée directement sur bronze et argenté. —
7. Pierre lithographique : « Nymphe à la grenouille » ; — gravée
directement sur pierre. — 8. Épreuve galvano, d'après une
pierre lithographique : « Allégorie de la gravure » ; — gravée
directement sur la pierre. — 9. Épreuve galvano, d'après une
plaquette acier gravée directement sur le métal.
Histoire de Clovis, frise du Panthéon à Paris, fragment.

796 — *Un cadre contenant* .

    1. 2. 3. 4. 5. Portraits gravés sur acier directement, cire perdue,
gravés sur métal même. — 6. Galvano fond de coupe (Le Loup
et l'Agneau), épreuve d'après acier, gravé directement. —
7. Épreuve galvano, fond de coupe, la peur du masque, modèle
et réduction mécanique. — 8. Plaquette à contours (Ronde d'enfants) pris sur pièce, argent. — 9. Plaquette épreuve galvano,
intaille gravé directement sur acier (argent). — 10. Épreuve
galvano, d'après une plaquette acier gravé directement (Histoire
de Clovis frises du Panthéon ou les personnages sont des portraits
d'hommes politiques contemporains. — 11. 12. 13. Plaquettes
longues et rondes aciers gravées directement sur pièces, (Fêtes
Antiques, Lever de l'Aurore, Naissance de Vénus).— 14. 15.16.
17. 18. Plaquettes amours pris sur pièces.— 19. 20. Plaquettes,
Reitre et Minerve, têtes d'expressions. — 21. 22. Médailles,
têtes d'expression (Confiance et d'Iurne) argent.

LEMAIRE (Georges), né à Bailly (Seine-et-Oise), élève de
M. J. Perrin. — **H. C.** — S. A. F. — ☀ — A Paris, rue Tourlaque, 22

797 — *Un cadre contenant* :
    Dix-neuf plaquettes et médailles.

LEGASTELOIS (Jules - Prosper), né à Paris, élève de
MM. Levasseur, Émile Carlier et Tonnelier. — **3me Méd.** —
S. A. F. — A Paris, rue Victor-Chevreuil, 23.

798 — *Une vitrine contenant* :
    Quinze plaquettes et médailles, argentées et dorées.

799 — *Une vitrine contenant* :
    Douze plaquettes et médailles, argentées et bronzées.

LINDAUER (Edmond-Eugéne-Émile), né à Paris, élève de
M. Jacques Perrin. — **M. H.** — S. A. F. — A Paris, rue
Poissonnière, 15.

800 — *Un cadre contenant* :
    Quatre portraits. — Médailles et plaquettes acier gravées direc-
tement sur pièce. — Et neuf médailles et plaquettes ; — bronze
et argent.

GRAVURE

Eau-forte. — Burin. — Bois.

LITHOGRAPHIE

A

ARDAIL (ALBERT), né à Paris, élève de M. Charles Waltner. —
H. C. — S. A. F. — A Paris, rue Tournefort, 12.

801 — *Une gravure (eau-forte)*:
L'Inspiration d'après Fragonard.

802 — *Une gravure (eau-forte)*:
L'Ex-Voto, d'après Henri Royer.

B

BILLY (CHARLES-BERNARD DE), né à Parts, élève de Yvon et de
Boilvin. — **H. C.** — S. A. F. — A Issy (Seine), rue Etienne-
Dolet, 5.

803 — *Une gravure (eau-forte)* :
La Grande halle ; — Grandes manœuvres dans l'Est, d'après A.
Larteau (de Nancy).

BRUNET-DEBAISNES (LOUIS-ALFRED), né au Havre
(Seine-Inférieure), élève de Normand, de Pils, de Lalanne et de Gau-
cherel. — **H. C.** — S. A. F. — ✼. — A Hyères (Var), avenue de
Beauregard, villa des Pervenches, et à Paris, chez M. Schaeffer,
rue Montmartre, 13.

804 — *Une gravure (eau-forte)* :
Vue de Ville d'Avray, d'après Corot (Musée de Rouen). —
(MM. Manzi, Joyant et Cⁱᵉ, éditeurs).

805 — Les Etangs de Ville d'Avray, d'après Corot (Musée de Rouen). —
(MM. Manzi, Joyant et Cⁱᵉ, éditeurs).

C

CAZABAN (LOUIS-JEAN-JOSEPH), né à Homps (Aude), élève de
MM. Cormon et Maurou. — **3ᵉ Méd.** — S. A. F. — A Paris,
rue Vineuse, 12.

806 — *Une lithographie* :
Portrait de Mˡˡᵉ X, d'après Henner (Musée du Luxembourg).

807 — *Une lithographie originale* :
Femme lisant.

CHANTEUX (Mlle Berthe), née à Paris, élève de MM. J. Patricot et Ferdinand Humbert. — **M. H.** — S. A. F. — A Paris, rue Rochechouart, 26.

808 — *Une gravure (eau-forte)* :
Soleil couchant après l'orage, d'après J. Dupré.

809 — *Une gravure (burin)* :
Le rémouleur d'après Gabriel Decamps.

COTTET (Charles), né à Le Puy (Haute-Loire).— **S.** — S. N. — ☼. — A Paris, rue Cassini, 10.

810 — *Une gravure eau-forte originale* :
Barques de pêches ; — Bretagne.

811 — *Une gravure eau-forte originale* :
Port de Camaret.

CROSBIE (Émile-Ferdinand), né à Paris, élève de MM. Rousseau et Thiriat. — **H. C.** — S. A. F. — A Paris, avenue du Maine, 181.

812 — *Une gravure sur bois* :
Portrait de E. Meissonnier, par lui-même (Musée du Louvre).

813 — *Une gravure sur bois* :
Portrait d'Apôtre, d'après Rembrandt (Musée de Cassel).

D

DETURCK (Julien), né à Bailleul (Nord), élève de MM. Achille Jacquet et Levasseur. — **H. C.** — S. A. F. — A Paris, rue de Hanovre, 10.

814 — *Une gravure (burin)* :
Liseuse d'après M. Jules Lefebvre.

815 — *Une gravure (burin)* :
Portrait de Mme Aimé Morot, et sa fille, d'après M. Aimé Morot.

DILLON (Henri-Patrice), né en Californie, de parents français, élève de M. Carolus Duran. — **H. C.** — S. A. F. — ☼. — A Paris, boulevard Rochechouart, 84.

816 — *Une lithographie originale* :
Parapluies.

817 — *Une lithographie originale* :
Baigneuse.

DUBOUCHET (Henri-Joseph), né à Lyon (Rhône), élève de Vibert. — **H. C.** — S. A. F. — Au Petit-Chatenay (Seine), route de Versailles, 6.

818 — *Sept gravures (burin)* :
Les portraits des 7 Présidents de la 3me République.

819 — *Une gravure (burin)* :
Terpsichore, d'après Baudry (décoration du foyer de l'Opéra).

E

ELIOT (MAURICE) né à Paris, élève de Cabanel. — **S.** — S. N. —
A Paris, boulevard de Clichy, 37.

820 — *Une lithographie originale :*
« Baiser discret ».

821 — *Une lithographie originale :*
Nymphe des bois.

F

FOCILLON (VICTOR-LOUIS), né à Dijon (Côte-d'Or), élève de
l'Ecole des Beaux-Arts de Dijon. — **H. C.** — S. A. F. — ✳ — A
Paris, rue de l'Estrapade, 7.

822 — *Une gravure (eau-forte) :*
Les communiantes, d'après Jules Breton.

823 — *Une gravure (eau-forte) :*
Le corps de garde, d'après M. F. Flameng.

FROMENT (EUGÈNE), né à Sens (Yonne), élève de Tauxier et de
l'École des Arts décoratifs. — **H. C.** — S. A. F. — A Fontenay-
aux-Roses, rue de la Redoute, 3.

824 — *Gravures sur bois ;*
Illustration pour l'Edition de l'Ami de l'Ordre (E. Pelletan,
éditeur).

G

GARDIER (RAOUL DU), né à Wiesbaden (Allemagne), de parents
français, élève de Gustave Moreau et de MM. Chartran et Albert
Maignan. — A Paris, rue Rosa-Bonheur, 2.

825 — *Une gravure en couleurs (eau-forte) :*
Le banc.

GEOFFROY (JEAN dit GÉO), né à Marennes (Charente-Inférieure). — **H. C.** — S. A. F. — A Paris, rue des Lilas, 7.

826 — *Une gravure (pointe sèche originale) :*
Sortie de classe.

827 — *Une gravure (pointe sèche originale) :*
La grande sœur.

GUICHARD (Mlle LOUISE-MARIE), née à Vernon (Eure), élève
de M. Fernand Desmoulin. — **M. H.** — S. A. F. — A Paris, rue
des Perchamps, 3.

828 — *Une gravure originale (eau-forte) :*
Bateaux sardiniers.

829 — *Une gravure (eau-forte) :*
Bateaux de pêche à Dieppe, d'après Flameng. (Musée du
Luxembourg).

GUILLON (Pierre), né à Paris, élève de Sirouy. — **H. C.** —
— S. A. F. — A Paris, avenue de Châtillon, 36.

830 — *Une lithographie* :
La barque du Don-Juan, d'après Eugène Delacroix.

L

LAGUILLERMIE (Frédéric-Auguste), né à Paris, élève de
Bouguereau et de M. Léopold Flameng. — **H. C.** — S. A. F. —
O. ✳ — A Paris, rue Robert-Estienne, 4.

831 — *Une gravure (eau-forte)* :
Portrait de Mme Vigée-Lebrun.

832 — *Une gravure (eau-forte)* :
Portrait de Mme Théodore Roosevelts.

LEFORT (Henri), élève de Charles Courtry et de M. Léopold
Flameng. — **H. C.** — S. A. F. — ✳ — A Paris, boulevard
Raspail, 220.

833 — *Une gravure (eau-forte originale)* :
Portrait de Gambetta.

834 — *Une gravure (eau-forte originale)* :
Portrait de M. Emile Loubet.

M

MANESSE (Georges-Henri), né à Rouen (Seine-Inférieure),
élève de Champollion, de Gaujean et de MM. Flameng et Lamotte.—
H. C. — S. A. F. — A Paris, rue du Bac, 122.

835 — *Une gravure (eau-forte et burin)* :
Les Saintes femmes au Tombeau, d'après Bouguereau.

MAUROU (Paul), né à Avignon (Vaucluse), élève de Guilbert
d'Annelle. — **H. C.** — S. A. F. — ✳ — A Paris, rue Grange-
Batelière, 13.

836 — *Trois lithographies* :
Décorations du Panthéon, d'après M. Humbert.

837 — *Une lithographie* :
La Blonde Jannick, d'après M. Vollon.

P

PANNEMAKER (Stéphane), élève de son père. — **H. C.**
— S. A. F. — ✳ — A Paris, place des Vosges, 20.

838 — *Une gravure sur bois* :
Mort de Marceau, d'après M. Jean-Paul Laurens.

839 — *Une gravure sur bois* :
Eglantine, d'après Gustave Jacquet.

PIRODON (Louis-Eugène), né à Grenoble (Isère), élève de MM. Hébert et G. Jadin. — **H. C.** — S. A. F. — A Paris, rue de la Tour-d'Auvergne, 50.

840 — *Une lithographie :*
Rouget-de-l'Isle chantant la Marseillaise.

R

RUET (Louis-Valère), né à Paris, élève de Muselle et de Le Rat. — **H. C.** — S. A. F. — A Paris, rue des Fossés-St-Bernard, 22.

841 — *Une gravure (eau-forte) :*
Napoléon (1814), d'après Meissonnier.

842 — *Une gravure (eau-forte) ;*
Le Voyageur, d'après Meissonnier.

S

SOCIÉTÉ SEPTENTRIONALE DE GRAVURE, à Paris, rue de Hanovre, 10.

843 — *Trois gravures :*
Bords de la Loire, de M. Harpignies (eau-forte), de Mlle Maireau.
Liseuse, de M. Jules Lefebvre (burin), de M. Deturck.
Fin de Jour, de Jules Breton (lithographie), de M. Broquelet.

844 — *Trois gravures ;*
Colin-Maillard, de Pater, (eau-forte) de M. Moyeur.
Divertissement champêtre de Watteau, (eau-forte) de M. Manesse.
Decsente de Croix de Rubens, (lithographie) de M. Broquelet.

V

VERNAUT (Mlle Marguerite), née à Paris, élève de M. Paul Maurou. — **H. C.** — S. A. F. — A Paris, rue de Trévise, 28.

845 — *Une lithographie :*
Le chimiste, d'après Metsu. (Musée du Louvre).

846 — *Une lithographie :*
Les convalescentes dans « la grant chambre des Pôvres », hospice de Beaune, d'après J. Geoffroy.

VINTRAUT (Frédéric-Godefroy), né au Havre (Seine-Inférieure), élève de A. Tauxier. — **H. C.** — S. A. F. — A Paris, Avenue d'Orléans, 60.

847 — *Une gravure sur bois :*
> La partie de Loto, d'après Chaplin.

848 — *Une gravure sur bois :*
> Portrait de M. Jean-Paul Laurens de l'Institut, d'après M. Paul-Albert Laurens.

VV

WALTNER (Charles-A.), né à Paris. — S. S. N. — O. ☀. — A Paris, boulevard de Clichy, 11.

849 — *Une gravure (eau-forte) :*
> Two Misses Linley, d'après Gainsborough.

850 — *Une gravure (eau-forte originale) :*
> La Liseuse.

ARTS DÉCORATIFS

B

BAFFIER (Jean), né à Neuvy-le-Barrois (Cher), élève de l'Ecole des Arts de Sèvres et de l'Ecole Nationale des Arts Décoratifs de Paris. — S. S. N. — ✻. — A Paris, rue Lebouis, 6 *bis*.

851 — Soupière ; — portée par deux bouchers formant cariatides, étain et cuivre.

BUFFIN (Carlos), né à Tourcoing, élève de M. Jacquet. — A Tourcoing, rue Saint-Jacques, 62.

852 — *Paravent à trois feuillets :*
" Sycomore et Chataignier ".

D

DARCHEZ (Mme Clotilde-Mathilde), né à Bourg (Ain), élève de M. Belville. — A Lille (Nord), rue Pierre-Martel, 11.

853 — *Une vitrine contenant :*
Des cuirs et des reliures d'art.

854 — Un panneau cuir d'art pour meuble.

E

ENGRAND (Georges), élève de Cavelier et Tony Noel. — **2me Méd.** — S. A. F. — A Tourcoing, rue de l'Est, 12.

855 — *Une vitrine contenant :*
Ondine, vase bronze. — Coupe, bronze. — Pichet, étain. — Nénuphar, vase étain. — Coffret, étain. — Masques et singe, vase étain. — Rieuse, buste bronze. — Femme assise, statuette bronze. — Fillette, statuette plâtre. — Jeune fille, masque bronze. — Vide-poche, bronze. — Pot à tabac, étain. — Frère et sœur, groupe bronze. — Presse papier, buste bronze. — Femme debout, cachet bronze. — Buste de femme, cachet buste bronze. — Enlacement, gourde bronze. — Salière, métal argenté.— Tragédie et Comédie, broche argent. — " Libellule ", boucle argent. — Têtes d'enfants, boucle argent. — Tigre, manche de canne, argent. — Têtes d'enfants, manche d'ombrelle, argent. — Plat, porte-cartes, étain.

L

LHOMME (Victor), né à Lille (Nord), élève de MM. P. De Winter et Bonnat. — **M. H.** — S. A. F. — A Lille, rue Fabien, 13.

856 — *Un panneau décoratif.*

LEVASSEUR (Henri-Louis), né à Paris, élève de Dumont, de Thomas et de Delaplanche. — **H. C.** — S. A. F. — A Paris, Villa d'Alésia, 37.

857 — *Pandore, porte-bijoux bronze doré, fer et onyx.*

858 — *Dauphin, encrier bronze.*

P

PÈCHE (Alexandre-Mathurin), né à Paris, élève de Aimé Millet, Gauthier, Moreau Vauthier, et Thomas. — **M. H.** — S. A. F. — A Paris, impasse de l'Astrolabe, 9.

859 — *Un cadre contenant :*

Coupe-papier. — Plat rond. — Coupe-papier. — Cendrier. — Masque. — Cendrier dauphin. — Plumier. — Cendrier iris. — Plateau triangle. Coquille moule (cendrier).

860 — *Vase chardon.*

POINT (Armand), né à Alger. — **A.** — S.N. — A Paris, rue Notre-Dame-des-Champs, 56.

861 — *Une vitrine contenant :*

Un tableau en émail champleve avec figure repoussée et tête, mains et pieds en ivoire. — Un calice en or et argent émaillé. — Une coupe en pierres fines montée avec couvercle en or fin émaillé.

R

RIVAUD (Charles), à Paris. — Rue de Seine, 23.

862 — *Une vitrine contenant ;*

Coupe argent. — Sautoir, or grec. — Bracelet, platine et brillants. — Collier or grec et amazonites. — Une bague, brillants et émail. — Une bague, une perle blanche, quatre perles noires brillants. — Une bague Lions assyriens saphir étoilé. — Une bague chrysoprase. — Une bague agate herborisée deux brillants. — Une bague monnaie du Pape, une opale. — Un bracelet fils d'or forgé. — Une broche fils d'or, une opale. — Une broche, un rubis fabriqué et émeraudes.

THESMAR (FERNAND), né à Châlons-sur-Saône. — S. S. N. — ☼. — A Neuilly-sur-Seine (Seine), boulevard Victor-Hugo, 11.

863 — *Une vitrine contenant :*

Petite tasse " palmettes " émaux transparents cloisonnés d'or. — Bonbonnière " Violettes " émaux cloisonnés d'or, sur porcelaine tendre monture argent doré.

V

VITAL-CORNU (CHARLES), né à Paris, élève de Pils et Jouffroy.— **H. C.** — S. A. F. — ☼. — A Paris, rue Hégésippe-Moreau, 5.

864 — Vase bronze, cire perdue.

TAPISSERIES

Décoration de la section de Sculpture. — Tapisseries de la Maison Braquenié & Cie.

865 — *Panneaux de Tapisserie d'Aubusson ;*
Les mois d'après Audran, Jupiter, Minerve, Diane, Junon, Mercure, Vénuse, Vesta, Cérès.
La Danse moderne, d'après Dubufe.
Psyché dans le Palais de l'Amour.
Hallali de Sanglier, d'après Gélibert.

866 — *Panneaux de Tapisserie de Beauvais :*
Fleurs, d'après J.-B. Monnoyer.
Fruits, d'après J.-B. Monnoyer.

LISTE DES RÉCOMPENSES

Peinture. — *Première médaille.* — Léon Cauvy, Alexandre Jacob, Nicolas Koutnietsoff, Pierre Montezin, Charles Roussel.

Deuxième médaille. — Mme Gabrielle Bricteux-Weerts, Modeste Carpentier, Alfred Desplanques, Georges Duvillier, Daniel Duchemin, Fernand Guey, Antoine Lumière, Georges Pavec, Camille Prouvost, Ernest Prouvost, Paul Wallon, D. O. Widhopff.

Troisième médaille. — Jean-Jacques Berne-Bellecour, Emile Barthélémy, Lucien Biva, Carlos Buffin, Auguste Cabuzel, Edouard Célérier, Paul Girardet, Mlle Marguerite Lagrost, Emile Liénard, Alex Lizal, Arthur Midy, Pierre Tranchant.

Gravure. — *Deuxième médaille.* — Mlle Louise-Marie Guichard.

Sculpture. — *Première médaille.* — J. Joire.
Deuxième médaille. — Yvonne Serruys.

www.ingramcontent.com/pod-product-compliance
Lightning Source LLC
LaVergne TN
LVHW021133200726
843510LV00001B/80

9782329695846